AF267923

LA
POLITIQUE EXTÉRIEURE

DE LA

RÉPUBLIQUE

PAR

ÉTIENNE VACHEROT

Membre de l'Institut

PARIS

LIBRAIRIE GERMER BAILLIÈRE ET Cⁱᵉ

108, BOULEVARD SAINT-GERMAIN, 108

1881

LA
POLITIQUE EXTÉRIEURE

DE LA

RÉPUBLIQUE [1]

On peut, chez ce bon peuple de France, porter atteinte à la liberté des consciences et au droit des pères de famille, violer le domicile des citoyens, menacer l'indépendance de la magistrature, désorganiser toutes nos administrations, engager nos finances, sans que le suffrage universel s'en émeuve et s'en inquiète. Pendant ce temps-là, le pays, tout entier à ses affaires, à ses plaisirs, à ses besoins, ne demande qu'une chose, c'est qu'on le laisse vivre, travailler et jouir en paix. Au gouvernement républicain, il accorde toute confiance, quels que soient ses actes. Pourvu qu'il ne voie point l'émeute se promener dans les rues, peu lui importe que l'ordre moral soit ébranlé par les excès d'une presse révolutionnaire, et que la paix des âmes soit troublée par des passions et des violences d'une autre époque. Les principes ne le touchent point, du moment que les intérêts ne sont pas atteints. Mais c'est toute autre chose, pour peu qu'il entende des bruits du dehors, et qu'il entrevoie des éventualités de guerre. C'est alors qu'il se réveille, s'inquiète, s'agite et commence à s'intéresser à la politique. Le pays se souvient de ce que lui a coûté cet absolu abandon des affaires publiques sous le dernier Empire. Il ne voulait, il n'aimait que deux choses, l'ordre et la paix. On lui avait tant dit : L'Empire, c'est l'ordre ; l'Empire, c'est la paix,

1. Voir l'intéressante étude de M. Joseph Reinach, dans la *Revue politique et littéraire* du 4 septembre 1880.

qu'il ne comprit point qu'il n'y a ni ordre véritable, ni paix assurée sans la liberté. Il lui a fallu la catastrophe de 1870 pour reconnaître cette salutaire vérité. L'expérience a rendu le suffrage universel plus attentif à l'endroit de la politique étrangère. S'il ne comprend pas encore bien, à cette heure, comment la république parlementaire peut seule garantir la paix, s'il ne voit point que cette paix peut être compromise à chaque instant par une sorte de dictature inavouée, il retrouve sa défiance et son initiative au moindre signe de complications extérieures où son gouvernement aurait la main, aux moindres paroles belliqueuses des chefs et des organes de ce gouvernement.

Le pays dormait donc tranquille, quand il apprend tout à coup qu'il est engagé dans les affaires d'Orient, qu'une mission militaire va partir pour la Grèce, où se prépare une campagne contre la Turquie, que notre flotte va rejoindre celle des autres puissances pour une démonstration navale dont l'objet est de forcer la Porte à céder des territoires ottomans que le congrès ou la conférence de Berlin ont adjugés à telle ou telle petite nationalité. Et voici que, pour achever de troubler sa sécurité, les échos de la presse lui apportent les retentissantes paroles d'un puissant orateur qui passe pour inspirer et diriger toute la politique du gouvernement. Que le sentiment du pays soit juste au fond, qu'il ait raison de se défier de ces mesures et de s'émouvoir de ces paroles, c'est notre opinion. Qu'on nous permette cependant de dire toute notre pensée sur ce spectre de la guerre que les partis sont toujours prêts à évoquer pour le besoin de leur cause. Nous nous souvenons que ce spectre fut mis en avant par l'opposition, dans la campagne électorale contre le ministère du 16 Mai, et qu'il contribua puissamment à la victoire des 363. Notre patriotisme n'admettrait pas que, sans examen, sans discussion dans le Parlement et dans la presse, il fût de parti pris, et simplement comme une machine de guerre, retourné contre le gouvernement actuel par l'opposition conservatrice. Le besoin de la paix à tout prix n'est pas un sentiment respectable; et, de plus, ce sentiment est dangereux pour un pays contre lequel l'étranger pourrait ainsi se permettre toute entreprise qui n'irait pas jusqu'à une déclaration de guerre. Il n'est point de gouvernement, si sage qu'il soit, qui puisse renoncer à toute politique d'initiative et d'action, sous la pression d'un sentiment populaire aveugle. Il est telle guerre qu'un gouvernement prévoyant pourrait se croire obligé de proposer au pays, dans des circonstances favorables, s'il était assuré d'être attaqué plus tard dans des conditions moins bonnes. Il est même telle guerre qui, sans intéresser l'existence ou l'honneur du pays, devrait être résolument conseillée par le gouvernement et virilement acceptée par le pays, quand il s'agit de sa grandeur et de sa puissance.

Si donc nous n'approuvons ni la mission militaire en Grèce, ni la participation à la démonstration navale des puissances qui ont signé avec la France le traité de Berlin, ni toute cette initiative de nos diplomates qui date du congrès et qui a continué à la conférence de Berlin, ni l'éclatante expression d'espérances patriotiques que garde tout cœur français, ce n'est nullement par une répugnance systématique pour toute intervention de la France dans les affaires de l'Europe. Nous croyons qu'un gouvernement digne de ce nom, s'il doit compter avec les sentiments pacifiques du pays, ne peut obéir servilement à un mot d'ordre qui serait contraire à l'honneur, à la dignité, à la grandeur du peuple qu'il représente. Mais nous pensons en même temps que, s'il veut être suivi par le pays dans une politique vraiment nationale, il faut qu'il l'avertisse, l'éclaire, le décide, le prépare, dans le Parlement et dans la presse, aux sacrifices qu'il peut avoir à lui demander. Ce qui déplaît à l'opinion publique dans ces projets et ces manifestations, c'est la surprise qu'on lui fait, c'est cette manière d'engager subrepticement sa politique. Les journaux qui défendent plus ou moins franchement cette politique ont raison de revendiquer pour le gouvernement la liberté d'action, sans laquelle il n'y aurait ni accord ni concours possible pour les conventions diplomatiques. Nulle puissance, en Europe, ne pourrait consentir à traiter de la moindre affaire avec un gouvernement démocratique qui aurait reçu et accepté le mandat de ne prendre aucune initiative sur quoi que ce soit, avant d'en avoir référé à l'autorité souveraine du Parlement. Ce n'est donc pas le droit de négocier, de préparer les traités avec telle puissance isolée ou avec toutes les puissances réunies en congrès et en conférence, que l'opinion publique conteste en ce moment au gouvernement; c'est le droit de faire sans l'assentiment du Parlement tel ou tel acte qui pourrait entraîner le pays dans une guerre, ou dans une entreprise où de grands intérêts nationaux seraient engagés. Car ici il faut bien s'entendre. Il ne suffit pas, pour se conformer aux règles du gouvernement parlementaire, de ne pas déclarer la guerre, de ne pas signer un traité de capitale importance, sans l'avis du Parlement. Il faut de plus que l'opinion publique soit éclairée d'avance sur le véritable état des choses, de façon à pouvoir, en pleine connaissance de cause, accorder ou refuser son concours.

On pourra nous répondre que la politique des grands desseins et des grands résultats ne peut se faire ainsi; que cette politique demande le mystère et les soudaines résolutions, que M. de Bismarck, pour ne citer que cet exemple, n'eût rien pu concevoir, rien pu exécuter, s'il lui eût fallu révéler ses fins et ses moyens au Parlement et à l'opinion publique. Cela peut être vrai, et nous reconnaissons que le génie d'un profond politique, pour faire ce qu'il a rêvé, est plus à l'aise dans le demi-jour d'un cabinet qu'en pleine lumière d'un Parlement. Mais le génie est rare, et un pays peut se trouver fort mal des rêves d'un despote silencieux ou d'un éloquent tribun qui croiraient à leur étoile. Et puis le génie lui-même, quand un pays a le bonheur de le rencontrer, est tenu de compter avec son Parlement, dans tous les pays où le gouvernement parlementaire est réellement pratiqué. Pitt en Angleterre, Cavour en Italie ont tout fait avec le concours des Chambres, qu'ils dominaient par la seule force de leur éloquence et de leur volonté. La politique du mystère n'a point réussi au souverain indécis et irrésolu qui n'avait de hardiesse que dans le rêve. Elle pouvait ne pas réussir au ministre audacieux qui a fait de si grandes choses, malgré toutes les chances de succès qu'il avait su se ménager. Alors quelle responsabilité, quelle chute pour le joueur téméraire, quel désastre pour son pays! Nul homme politique, en France, n'est de taille ni sans doute d'humeur à jouer un pareil rôle, et, dans la situation actuelle de l'Europe et de la France, nous estimons que ce n'est pas un malheur pour le pays. En tout cas, il est grand temps que la lumière se fasse sur toutes les choses de la politique extérieure, comme de la politique intérieure, dans la presse du gouvernement et surtout dans le Parlement, afin que le pays sache où l'on veut le mener et comment on entend faire ses affaires. Voilà pourquoi nous croyons utile et urgent d'appeler, en attendant la discussion parlementaire, l'attention et la surveillance de l'opinion publique sur nos affaires du dehors, et particulièrement sur la crise orientale dans laquelle notre pays n'est que trop engagé. Nous abordons ces graves et délicates questions sans aucune compétence diplomatique, avec les seules lumières que donne la simple connaissance des faits accomplis et des actes officiels, avec la vive sollicitude que nous inspire notre patriotisme.

I

Depuis la guerre de 1870, le silence sur la politique extérieure était un devoir patriotique. Ce devoir fut compris par le Parlement et, ce qui était plus difficile, par la presse de tous les partis. Les désastres qui ont abattu la France ont surpris toute l'Europe. Quand Thiers s'est voué à l'ingrate mission de l'intéresser à nos malheurs, il savait d'avance que son éloquence, son habileté, ses instantes sollicitations ne pourraient rien contre l'inexorable fatalité des événements. Il trouva l'Europe étourdie en quelque sorte de la rapidité et de la grandeur de ces désastres, incapable d'un effort commun pour arrêter l'entraînement de la victoire. En Angleterre, le ministère de M. Glastone se renferma dans une froide et systématique abstention, se souvenant trop que la France avait troublé la paix de l'Europe malgré ses conseils. Quant à l'opinion publique, elle montra que la guerre d'Orient et les traités de commerce avaient laissé plus de sympathies pour l'Empire tombé que pour la France républicaine. En Russie, il n'y avait rien à espérer de l'empereur Alexandre, parent et allié du roi Guillaume, d'ailleurs peu sympathique alors à la France depuis la guerre d'Orient, et gardant encore rancune à l'Autriche de son ingratitude. La société russe accueillit l'homme d'État français avec une profonde sympathie pour le grand et malheureux pays dont le maître n'avait pas su comprendre les vrais intérêts. En Autriche, Thiers ne trouva que des amis qui gémissaient de leur impuissance. En Italie, le roi, qui avait combattu avec nos soldats, était tout prêt à nous offrir son épée; mais il fallait compter avec le Parlement. La guerre terminée par le douloureux traité que Thiers dut signer et que l'Assemblée nationale dut ratifier, la France, tout entière à l'œuvre de sa réorganisation, sous l'active direction de son Président secondé du Parlement, comprit que la politique extérieure de son gouvernement ne pouvait être qu'une politique de paix, de recueillement et d'attente. Thiers fit tout ce qu'il était possible de faire, dans la situation à laquelle nos malheurs nous avaient réduits. On ne saurait trop redire que si, au dedans, il a rendu à la République la confiance de la France affolée par la guerre civile, il a rendu, au dehors, à la France l'estime de l'Europe, à laquelle les scènes de la Commune avaient fait oublier la défense de Paris et la lutte contre l'étranger. Il fut aidé, dans cette tâche, par l'éloquence et l'intelligence des ministres auxquels il avait confié le département des affaires étrangères. Il faut ajouter que l'Assemblée nationale lui rendit la tâche plus facile par sa sagesse et sa discrétion, en tout ce qui touchait à la politique extérieure. Nous ne nous souvenons que d'une seule discussion sur les affaires d'Italie, où un orateur de l'extrême droite essaya d'obtenir une parole de sympathie compromettante du gouvernement pour les malheurs immérités de Pie IX. Nous nous souvenons aussi de l'admirable réponse de l'intrépide défenseur du pouvoir temporel sous la république de 1848 et du second Empire. De la bouche de ce politique prévoyant qui s'était toujours défié de l'unité italienne, on ne put faire sortir autre chose que de nobles paroles de respect pour des infortunes que la France ne pouvait ni ne voulait réparer.

Le gouvernement du maréchal de Mac-Mahon continua scrupuleusement la tradition du premier président de la République. Quoi qu'on ait pu dire, ni M. de Broglie, ni M. Decazes n'ont essayé de faire sortir la politique extérieure de la réserve qui lui était imposée par la nécessité. Sous cette présidence, la France entra dans les conseils de l'Europe, par la porte de la conférence de Constantinople. Mais cette conférence n'avait pour objet que des intérêts auxquels la France, sous tous les gouvernements et sous tous les présidents, ne peut rester étrangère, l'intérêt de la paix mise en péril par les abus et les désordres de l'administration ottomane, l'intérêt de l'humanité affreusement outragée par les massacres de Bulgarie. Si la guerre en sortit, à qui la faute, sinon à l'entêtement de la Porte, à laquelle l'Europe ne demandait alors que des réformes? Lorsque la guerre éclata entre la Turquie et la Russie, on a dit que, si Thiers eût gardé le pouvoir, il l'eût empêchée, que le désir d'être agréable à la Russie et de préparer une alliance avait rendu M. Decazes un avocat de la paix moins résolu et moins pressant qu'il n'eût fallu l'être. Il n'est pas douteux que le gouvernement du maréchal s'est souvenu, en cette occasion, du grand service rendu à notre pays par la Russie. Lorsque M. de Bismarck (est-ce de son propre mouvement ou sous la pression du parti militaire?) songea plus sérieusement qu'il n'a bien voulu le dire à arrêter l'œuvre de notre réorganisation militaire, par une intervention qui eût pu avoir la guerre pour conséquence, la France put s'apercevoir que l'Europe n'était plus ni froide pour elle, ni indifférente au grand intérêt de l'équilibre européen. Elle trouva

la Russie et l'Angleterre résistant à la politique inquiète et
agressive du chancelier allemand, et le reste de l'Europe
sympathique à notre cause.

Si le duc Decazes eût eu à s'expliquer à la tribune sur
cette question, il n'eût pu donner cette raison, qui devait
rester secrète. Mais il n'en avait nul besoin. Il lui eût été
facile de se défendre, en mettant sous les yeux du Parlement
le tableau de la situation orientale. Aucune puissance, pas
même la Russie, ne voulait la guerre à l'origine, dans la
conférence de Constantinople. Mais les abus, les excès, les
cruautés qui rendaient la domination ottomane plus insup-
portable que jamais aux populations chrétiennes, imposaient
à l'Europe civilisée le devoir de prendre et d'exercer, vis-à-vis
de la Porte, la tutelle des nationalités diverses qui criaient
justice et pitié. Les barbaries des Turcs dans les provinces
bulgares, la guerre commencée par les Serbes et les volon-
taires russes, le refus final de la Porte de se soumettre à des
exigences justes et nécessaires, mais qu'elle trouvait attenta-
toires à son indépendance et à sa souveraineté, provoquè-
rent, en Russie, un mouvement irrésistible qui eût emporté
tôt ou tard le gouvernement du czar, s'il eût voulu résister.
Le prince Gortchakof n'a-t-il pas dit que le gouvernement
de l'empereur avait été obligé d'ouvrir cette soupape de
sûreté? Qu'eût pu faire Thiers dans une telle crise? Tout ce
que l'activité, l'habileté, la parole persuasive et séduisante
peuvent faire. Il se fût certainement donné tout entier à cette
œuvre diplomatique, avec la passion qu'il mettait à tout ce
qu'il regardait comme un grand intérêt national. Le maintien
de l'empire ottoman était une de ses plus vieilles convictions.
Il était de ceux qui ont battu des mains à la campagne
d'Orient, entreprise de concert avec l'Angleterre, et il enviait
cette gloire à l'Empire. Il eût donc agi, comme il savait le
faire, sur toutes les puissances de la conférence, parlant à
chacune le langage qu'il savait lui convenir. Eût-il réussi avec
l'Angleterre, plus intéressée encore que la France à maintenir la paix? Oui, s'il eût pu décider la Porte à céder. Mais on
oublie que la Porte, à qui la conférence de Constantinople

demandait d'accepter le contrôle et la surveillance de l'Europe, ne pouvait guère céder devant le fanatisme musulman exaspéré et tout prêt à se porter aux dernières extrémités. Pour arrêter la Russie, il fallait autre chose que l'opposition de la France et de l'Angleterre; il fallait le *veto* d'un homme d'État qui ne voulut pas le prononcer, d'abord parce qu'il acquittait une promesse faite depuis longtemps à la Russie, mais surtout parce qu'il trouvait une occasion, sinon d'épuiser, du moins d'affaiblir sa trop puissante alliée. Les beaux jours de l'alliance anglo-française sont passés. L'entente qui devait se reformer après l'avènement d'un ministère conservateur nous est encore et nous sera toujours précieuse; mais elle ne pèse plus du même poids dans la balance des forces de l'Europe. Depuis les événements de 1870, rien ne se fait, dans une conférence européenne, sans la volonté de M. de Bismarck. Nous ne voyons donc pas que, dans cette crise orientale qui a abouti à la guerre entre la Russie et la Turquie, la politique française, en changeant de mains, ait changé de tradition, et que le gouvernement du maréchal soit en rien responsable des embarras qu'elle éprouve en ce moment. Jusqu'à l'avènement des ministères républicains, le mot d'ordre de cette politique est resté le même : se recueillir, s'abstenir et attendre dans une paix qui permette à la *noble blessée* de reprendre ses forces. Sur la question d'Italie, après Thiers, M. Decazes eut à soutenir au Parlement les interpellations les plus vives de l'extrême droite. Telles furent la netteté de sa parole et la fermeté de sa conduite sur la question italienne, qu'il s'attira de ce côté de l'Assemblée des rancunes qui l'ont poursuivi même après sa sortie du ministère. L'Orient et l'Italie résument à peu près toute la politique étrangère des gouvernements des deux premiers présidents de la République; et, sur ces deux points essentiels, M. de Broglie et M. Decazes ont gardé la tradition de Thiers qu'ils prenaient pour guide sur les questions de politique extérieure. Aussi, de toutes les accusations portées contre le ministère du 16 mai, la plus absurde est celle où l'on dénonçait ses projets de guerre à l'Italie, préparés de concert avec le parti clérical.

II

C'est depuis l'avènement d'un ministère vraiment républicain que la tradition léguée par Thiers a subi une première déviation au congrès de Berlin. Fallait-il que la France se fît représenter à ce congrès réuni pour régler les résultats d'une guerre à laquelle elle était restée aussi étrangère par ses conseils que par son action? De bons esprits inclinaient à la négative par des raisons de dignité et de prudence. Quelle figure ferait notre représentant dans un congrès siégeant à Berlin, sous la présidence de notre impérieux vainqueur? Qu'irait-il y faire, sinon signer des arrangements convenus d'avance sans nous, entre les parties directement intéressées. S'il sortait de son silence pour prendre l'initiative sur telle ou telle question, ne risquait-il pas de perdre des sympathies qu'une politique à longue vue doit s'étudier à nous conserver d'un côté ou d'autre. Thiers ne se fût pas arrêté une minute à ces considérations; il eût envoyé son ministre des affaires étrangères au congrès, avec une tout autre mission que celle de brouiller la France avec la Turquie pour les beaux yeux de la Grèce. S'il n'eût pu obtenir un meilleur traitement pour notre vieille alliée, il nous eût tout au moins conservé son amitié. Le gouvernement, d'accord avec le sentiment public, eut donc raison d'envoyer son représentant au congrès de Berlin. Qu'un peuple, vaincu et réduit à une paix comme celle de 1870, s'impose une politique de recueillement et de réserve en toutes les affaires qui ne touchent point à sa sécurité ou à son honneur, qu'il concentre son activité dans son œuvre tout intérieure de réorganisation, c'est la politique de la nécessité. Ainsi ont fait la Prusse après Iéna, la Russie après Sébastopol, l'Autriche après Sadowa, ce qui ne les a point empêchées de prendre part à tous les grands événements de la politique extérieure. Un grand peuple a des intérêts partout. La France n'a-t-elle pas son commerce à protéger sur les bords du Danube? N'a-t-elle pas à surveiller sur les bords du Nil les intérêts de ses citoyens engagés dans les finances égyptiennes? N'a-t-elle pas à assurer, à Tunis, au Maroc la sécurité de sa colonie algérienne contre les entreprises de toute puissance méditerranéenne qui pourrait la menacer? N'a-t-elle pas les droits des chrétiens catholiques à défendre contre les excès et les violences de la domination musulmane? N'a-t-elle pas aussi à ménager, en Orient, ce fanatisme musulman qui, sur un mot d'ordre parti de La Mecque, peut soulever, en Algérie, une population de deux millions d'hommes? Partout, elle a donc à se faire rendre justice et à se faire respecter. Et puis, à part la question d'intérêt, est-il possible à un peuple sympathique et sociable comme le nôtre de s'isoler de la grande communauté européenne? Un jour peut-être pourrons-nous nous dire de la grande famille. Mais ce jour n'est pas venu; la politique de fer et de sang nous l'a bien fait voir. Quoi qu'il en soit, la civilisation a créé entre les sociétés européennes des liens de toute espèce qui ne permettent pas à un peuple mécontent de son sort de bouder ses voisins. Notre gouvernement a donc le devoir et le pouvoir d'entrer en communication avec tous les peuples sympathiques ou malveillants du monde entier, en tout ce qui touche directement ou indirectement aux intérêts de notre pays.

La France ne pouvait faire autrement que d'envoyer son ministre des affaires étrangères au congrès de Berlin. Quand le prince de Talleyrand fit son entrée au congrès de Vienne, sa première parole fut : « J'apporte un principe. » C'était la légitimité retrouvée pour le trône de France dans la personne d'un Bourbon. Il entrait ainsi par la grande porte dans ce congrès de princes assistés de diplomates qui avaient à régler la part de chaque vainqueur dans les dépouilles du grand vaincu et de ses alliés. Notre représentant pouvait dire lui aussi qu'il apportait un principe à ce congrès de Berlin, où l'intérêt français n'était pas directement en jeu, où le débat allait s'établir entre des intérêts contraires et l'accord se faire aux dépens de la malheureuse Turquie. Il ne lui restait que le rôle d'avocat de la paix et de l'humanité. Garantir le mieux possible les droits et les intérêts des sujets chrétiens de la Porte, et par un traité de facile et prompte exécution, qui laisserait subsister autant que possible le *statu quo*, clore cette redoutable question d’Orient, de manière à laisser à l’empire ottoman le temps de se régénérer ou de mourir : tel était le grand intérêt auquel il devait s’attacher, intérêt européen, mais aussi français, parce qu’avec un tel règlement de la question orientale la France avait le temps de se préparer à une solution plus radicale qui ne pourra manquer, le jour où éclatera la crise suprême, d’exercer une influence considérable sur l’équilibre européen. Qu’aucun changement de nature à rompre définitivement cet équilibre, déjà si ébranlé par l’abaissement de la France et l’exaltation de l’Allemagne, ne vienne à se produire pendant la période de notre réorganisation : voilà, ce semble, le but que la France devait se proposer en prenant part à ce congrès. M. Wadington comprit et soutint noblement ce rôle d’un peuple cruellement éprouvé, mais toujours sympathique aux grandes et justes causes. On le trouva, dans tout le cours du débat, fidèle au rôle de défenseur de la paix et de l’humanité. Il eût dû rester dans ce rôle supérieur et vraiment désintéressé. Il eut le tort, selon nous, de trop s’engager avec l’Autriche et l’Allemagne contre la Russie défendant son traité de San-Stephano. De quelque côté que fût l’intérêt commun de l’Europe, la réserve de la France ne changeait point le résultat, puisque la Russie avait contre elle l’Angleterre, l’Allemagne et l’Autriche. Mais était-il bien sûr que ces puissances représentassent en cette occasion le véritable intérêt européen? En scindant la Bulgarie en deux provinces qui tendent irrésistiblement à se rejoindre, le congrès n’a-t-il pas fait une œuvre diplomatique contre nature, qui ne pourra durer? Ne pouvait-il pas accepter le traité de San-Stephano, en ce qui concerne la formation d’un grand État bulgare, sauf à empêcher, par la neutralité de la Roumanie, la Russie d’étendre la main sur une partie quelconque de la Turquie d’Europe? On crut mieux faire de s’associer à la politique de l’Angleterre, de l’Allemagne et de l’Autriche réunies contre la Russie, et de concourir à ce traité de Berlin qui laisse tant de déceptions aux nationalités. Peut-être aussi eût-on mieux fait de moins insister sur les droits des israélites en Roumanie, où la France avait un peuple ami à ménager. Les juifs ne sont pas populaires dans un pays dont ils menacent de devenir les conquérants, si le droit de propriété leur est accordé sans conditions. Ce ne fut pas toutefois la grande faute de notre diplomatie. On ne voulut pas avoir l'air de revenir de ce congrès sans avoir fait autre chose que de signer un traité préparé d'avance par certaines parties intéressées. On pouvait s'en revenir les mains vides, mais libres, comme on l'avait annoncé. Malheureusement, on était entouré de collègues plus ou moins sincèrement sympathiques qui semblaient dire : « Et la France, est-ce qu'elle ne désire pas aussi quelque chose?» On se risqua donc à parler avec réserve et dignité d'un petit pays, grand par son nom et son histoire, qui se recommandait particulièrement aux sympathies du congrès par la docilité avec laquelle il avait suivi les conseils de paix de certaines puissances, pendant la lutte entre les Turcs et les Russes. Il ne fut d'abord question que d'un vœu, et encore ce vœu se bornait-il à une rectification des frontières grecques à peu près acceptable par le gouvernement de la Porte. Mais c'en était assez pour rouvrir cette question d'Orient que toutes les puissances contractantes n'avaient pas un égal intérêt à fermer.

Comment ce vœu du congrès s'est-il transformé d'abord en une décision, puis en une sommation, et enfin en une démonstration navale de la conférence de Berlin? Comment une simple rectification de frontières s'est-elle changée en une cession considérable de territoire? Comment la conférence en est-elle venue à ce point de n'avoir plus que l'alternative d'une ridicule reculade ou d'une intervention armée? C'est, il faut bien l'avouer, l'initiative de notre diplomatie qui a créé la plus grave difficulté de la situation. Le congrès de Berlin n'avait pas fait un chef-d'œuvre diplomatique, et en voyant quelles difficultés soulève l'exécution de ce traité signé par toutes les puissances et accepté à contre-cœur par la Porte, on peut croire que les signataires, sauf la France et l'Italie, ont plutôt songé à leurs propres convenances qu'à celle des nationalités, dans la distribution des territoires enlevés à la Turquie. Mais enfin la question d'Orient était close, et après la cession de la Bessarabie à la Russie, de la Dobruska à la Roumanie, après la constitution de la Bulgarie occidentale, il ne restait plus qu'à faire exécuter par la Porte la cession du territoire adjugé au Monténégro par le congrès. On voit déjà, par ce qui se passe en ce moment, que ce n'est pas chose facile de disposer des populations sans leur aveu. Mais enfin la Porte a compris qu'elle ne pouvait, sans remettre tout, même son existence, en question, se soustraire aux obligations d'un traité qu'elle avait signé. Elle a demandé seulement qu'on lui laissât le temps d'arranger l'affaire avec ses sujets albanais qui résistent, de façon qu'on lui épargnât la cruelle nécessité de faire la guerre elle-même à des sujets trop fidèles, ou l'humiliation d'assister à la violente occupation de son territoire par le Monténégro plus ou moins aidé par la flotte des puissances. On peut espérer maintenant, grâce à la tardive sagesse de la Porte, que l'exécution du traité se fera sans entraîner une guerre avec la Turquie, qui pourrait amener une conflagration générale.

La cession d'un territoire important à la Grèce serait bien une autre affaire. Quand un congrès européen exprime un vœu à la Porte, il ne faut pas une grande perspicacité pour prévoir que ce vœu est, sinon un ordre, tout au moins une invitation, et que, si la Porte fait la sourde oreille, l'invitation deviendra une sommation. Notre diplomatie, sous le successeur de M. Wadington, animée d'ailleurs des intentions les plus pacifiques, mais soutenue par la politique de M. Glastone, a poussé de toutes ses forces au parti que la conférence a fini par prendre dans la question grecque, déclarant nettement que, si elle s'associait à la démonstration navale faite en faveur du Monténégro, c'est à la condition que cette démonstration serait faite également en faveur de la Grèce. Elle profitait du changement de la politique anglaise, après les élections qui enlevèrent le pouvoir au parti conservateur, pour s'engager à fond, au sujet des revendications helléniques. Jusque-là, notre diplomatie, peu encouragée par la réserve de lord

Beaconsfield, avait dû se borner à une modeste rectification de frontières. C'est après l'avènement du ministère Glastone qu'elle se décida à soutenir toutes les prétentions de la Grèce [1] et demanda à cet effet une nouvelle convocation de la conférence. Il s'agissait d'une extension considérable de territoire, dans laquelle étaient comprises les villes de quelque importance où la population grecque compte plus d'habitants, notamment Janina, dont le pachalik compte la glorieuse tribu des Souliotes. Naturellement, la Porte n'a pas voulu se laisser déposséder de la meilleure partie de ses provinces de Thessalie et d'Epire. Toutes les négociations directes entre elle et la Grèce ont échoué, et la conférence, reprenant la question sur les instances de la France et de l'Angleterre, a conclu à l'unanimité par une résolution présentée à la Porte sous forme d'*ultimatum*, laquelle donne toute satisfaction à la Grèce, en dépit des protestations de l'ambassadeur ottoman [2].

Voilà donc la politique de la France qui sort de sa période de recueillement pour entrer dans la période d'action. Avec les patriotes de tous les partis, nous pensons que la politique du gouvernement républicain ne doit laisser échapper aucune occasion de rendre à la France le rang qu'elle a perdu dans les conseils de l'Europe. Seulement, il s'agit de savoir si, en ce moment, la France a un intérêt politique quelconque à rouvrir la question d'Orient, si elle n'a pas au contraire un intérêt évident à ne rien proposer, à ne rien faire qui puisse empêcher de clore cette question au moins provisoirement. Car il faudrait avoir la vue bien courte pour ne pas découvrir toute la portée des actes de la conférence. Si l'on peut espérer que l'incendie allumé en ce moment sur un point de la frontière albanaise sera étouffé avant qu'il ait eu le temps de s'éteindre, ce serait se faire une étrange illusion que de croire que, une fois étendu aux frontières helléniques, il ne deviendra point un embrasement général. La Porte va

1. L'ambassadeur d'Autriche à Berlin écrit ceci : « Le cabinet de Berlin, eu égard au vœu de la France, ne s'oppose pas à ce que la conférence se réunisse à Berlin. » (Voir le livre rouge publié par l'ordre de M. Haymerlé.)
2. 27 juin 1879.

retirer ses troupes et laisser l'armée monténégrine occuper le
territoire albanais, avec ou sans le concours des puissances
européennes. Elle ne cédera point et ne laissera point prendre
sans une énergique résistance les territoires que la conférence
a si imprudemment adjugés à 'la Grèce. Elle ne le peut pas
pour plusieurs raisons qui eussent dû frapper la diplomatie
européenne : c'est d'abord que la Porte a le droit pour elle,
et que céder son droit sans combattre est le dernier degré
d'avilissement où peut tomber un empire même en telle dé-
cadence ; c'est ensuite qu'elle ne pourrait le faire sans le
plus grand danger pour son sultan, qui ne tiendrait pas vingt-
quatre heures contre l'insurrection de son peuple et la défec-
tion de son armée ; c'est aussi que cette cession des provinces
grecques entraînerait fatalement le mouvement des provinces bulgares ; c'est enfin que le fanatisme musulman
pourrait faire une immense boucherie des chrétiens d'Orient,
devant laquelle les massacres de Bulgarie, en 1878, ne seraient qu'un incident insignifiant. Et voyez la gravité de la situation amenée à une telle crise que, si les puissances persis-
tent dans l'exécution immédiate ou prochaine de leur *ultimatum* en ce qui concerne la question des frontières helléniques, c'est la guerre d'Orient qui recommence, menaçant
de tout mettre à feu et à sang : guerre, si la Porte cède, puisque les Turcs exaspérés et les Slaves non satisfaits en pren-
dront l'initiative ; guerre, si la Porte ne cède pas, puisqu'alors
les Grecs et les Slaves entreront en campagne, quoi que
fassent les puissances europénnes.

C'est ce dénouement inévitable de la crise orientale, que
la Porte cède ou non sur la question grecque, qui ne peut
manquer d'ouvrir enfin les yeux à la diplomatie européenne,
si la majorité des puissances qu'elle représente veut sincèrement la paix. On nous dit, il est vrai, que c'est dans un
dessein tout pacifique que s'exerce la pression de la diplomatie sur la Porte ; que le vrai moyen d'assurer la paix, c'est
de lui arracher les concessions qu'elle refuse ; que toute cri-
tique de l'œuvre poursuivie par la conférence de Berlin, soit
dans la presse, soit dans le Parlement, ne fait qu'encourager

la Porte dans sa résistance et compromettre cette paix aussi chère aux gouvernements qu'aux populations. Si la question pouvait être ainsi comprise, ce serait le devoir de tous les organes de l'opinion publique ou parlementaire de concourir à l'œuvre de la diplomatie. Devant l'intérêt suprême de la paix européenne, les droits de la Porte nous paraissent d'une importance fort secondaire, et la presse tout entière n'aurait rien de mieux à faire que de ramener l'opinion publique à une plus juste appréciation des efforts de la diplomatie en faveur d'une telle cause. Malheureusement, l'état actuel de l'Orient ne nous permet pas de partager l'illusion des diplomates vraiment amis de la paix, dans la conférence de Berlin. Si l'Orient n'est pas en feu à cette heure, cela tient uniquement à ce que l'étincelle n'a pas encore jailli d'un choc quelconque. Il n'est pas impossible, même avec toute la bonne volonté de la Porte, que la reddition de Dulcigno, en mettant aux prises les tribus albanaises avec les troupes monténégrines , ne soit l'occasion d'une conflagration générale. Ce qui n'est pas douteux, c'est que la résistance des tribus albanaises à l'occupation de l'armée grecque, alors même qu'elles seraient abandonnées de la Porte, provoquerait un mouvement parmi les chrétiens et les Turcs de l'empire ottoman, dont il serait impossible d'arrêter les effets. L'opinion publique rend donc un véritable service à la politique de la paix, quand elle vient se mettre en travers des décisions de la diplomatie en ce moment.

L'heure est venue pour la conférence de Berlin de se recueillir et d'aviser. La France veut la paix, en dépit des velléités belliqueuses de quelques conseillers de son gouvernement. L'Italie la veut, du moment qu'elle n'a rien à gagner à la guerre. L'Autriche la veut, quelles que soient les ambitions de ses chefs militaires. L'Angleterre ne peut pas ne pas la vouloir, au fond, et, si elle menace la Porte, c'est dans la conviction mal justifiée, selon nous, qu'elle obtiendra tout par l'intimidation. La Russie n'est peut-être pas si décidée qu'elle le paraît à rouvrir la question d'Orient, dans un moment où le résultat final est si douteux et devant l'équi-

voque attitude de puissances qui ne lui veulent pas grand
bien. Quant à l'Allemagne, après avoir caché son jeu dans
ce qu'on appelle le concert européen, il semble qu'elle le
laisse voir, maintenant que le gain de la partie lui paraît assuré. Nous pourrions dire, sans vouloir manquer de respect
à la diplomatie européenne, qu'elle a travaillé *pour le roi de
Prusse*, si le roi de Prusse n'était devenu le grand empereur d'Allemagne. On n'a rien compris, ni au concert européen, ni à l'action commune, ni à la démonstration navale,
ni à aucun des actes d'hostilité de la conférence de Berlin
contre la Porte, si l'on n'a pénétré la politique de M. de Bismarck, devenue manifeste par les derniers conseils donnés à
la Porte et par les nouvelles instructions transmises à ses
propres agents. C'est le but et le résultat de cette politique
qu'il importe de faire connaître.

III

M. de Bismarck se vante, dit-on, de n'avoir jamais caché
ses desseins. On raconte que, sous le second Empire, avant
d'entrer dans les conseils de son souverain, il avait haute-
ment annoncé, dans un entretien avec les premiers hommes
politiques de notre pays, tout ce qu'il voulait faire, tout ce
qu'il a fait pour l'unité de l'Allemagne et la grandeur de la
Prusse. Quelqu'un, ce dut être Thiers, lui demandant ce qui
reviendrait à la France, si elle le laissait accomplir ses
beaux projets, M. de Bismarck aurait répondu que la Bel-
gique était là pour nous dédommager. A quoi le même interlocuteur aurait répliqué : « Vous avez la générosité de nous
offrir ce qui ne vous appartient pas. » Quoi qu'il en soit de
l'anecdote, on sait que M. de Bismarck n'a jamais été avare
de semblables promesses, auxquelles Napoléon III s'est
malheureusement laissé prendre. Il se peut que le chancelier
allemand n'ait jamais tenu à cacher ses desseins. Il est de
cette race de politiques qui n'ont pas besoin de les cacher,
parce que les grands desseins se laissent toujours voir. Mais,
s'il lui est indifférent que le public soit au courant de ses

vastes ambitions, il met le plus grand art à lui dérober ses
moyens. M. de Bismarck dit à qui veut l'entendre qu'il n'a
pas de plus vif désir que de maintenir la paix en Europe.
Nous l'en croyons volontiers. La victoire a fait l'Allemagne
assez glorieuse et assez puissante pour qu'elle puisse jouir
de cette paix qu'elle a imposée à la France. Son grand ministre peut avoir sa politique d'avenir, qui attend les bonnes
occasions, et qui, s'il s'en offrait une, deviendrait bien vite
sa politique du présent ; c'est même là ce qui fait que l'Europe ne peut jamais être complètement rassurée sur les desseins de M. de Bismarck. Pour le moment, il semble ne
vouloir pas autre chose que de consolider les résultats obte-
nus. Par quels moyens? C'est là son secret. Pour le pénétrer, il n'est point nécessaire d'être initié à tous les mystères
de la diplomatie. La langue diplomatique est faite pour
voiler les secrets de la politique, quand elle n'a pas tout simplement pour office d'enregistrer les faits accomplis et les
résultats acquis par une habile initiative. Ce n'est point dans
tel livre jaune, rouge, vert ou bleu qu'on peut découvrir cette
politique des moyens qui intéresse si fort et inquiète tous ceux
qu'elle vise. On ne voit guère que M. de Bismarck ait jamais
mis sa politique dans sa diplomatie. Quand il lui convient de
la laisser voir, c'est dans ses communications officieuses aux
journaux, non dans ses notes officielles. C'est qu'alors il a
besoin, soit de sonder l'opinion publique sur ses desseins,
soit de la préparer à l'exécution de ses plans. Pour connaître
sa pensée de derrière la tête, ni la science diplomatique ni
l'expérience historique ne suffisent; car M. de Bismarck est
l'homme des surprises, non quant aux desseins, mais quant
aux moyens qu'il varie avec une merveilleuse souplesse, au
gré des circonstances et selon l'occasion, dans chacune de
ses entreprises. Si le génie seul pouvait deviner les combi-
naisons du génie, il faudrait renoncer peut-être à pénétrer
les secrets de cet incomparable politique. Heureusement
qu'il existe pour tout politique de bon sens une méthode de
divination très simple. Quand M. de Bismarck semble ménager une surprise à la diplomatie européenne, il faut tou-

jours se demander quel est le moyen le plus efficace pour atteindre le but parfaitement visible qu'il poursuit. On peut être assuré que c'est celui-là qu'emploiera cet habile homme. Il ne faut que le suivre dans sa trop heureuse carrière politique pour s'en convaincre.

Il débuta, si nous ne nous trompons, par la campagne des duchés faite de concert avec l'Autriche. C'est le premier essai de cette politique qui ouvre invariablement à son allié ou à son voisin une perspective qui flatte son ambition. Jamais la Prusse n'eût fait cette expédition à elle seule. Il fallut y entraîner l'Autriche, qui ne pouvait laisser contester son patriotisme allemand par la Confédération germanique. Les duchés finirent, de guerre lasse, par rester à la Prusse, qui, déjà toute à ses projets de conquête et de prépondérance, ne cherchait qu'à irriter son alliée de la veille. On peut dire que le chef-d'œuvre de la politique de M. de Bismarck fut l'entreprise diplomatique qui aboutit à la campagne de Bohême et au triomphe de Sadowa. Il avait pour adversaire une puissance de premier ordre par le chiffre supérieur de sa population et de son armée. Il avait pour voisin de l'est un empereur victorieux qui regardait du côté du Rhin depuis longtemps. Il avait pour voisin du nord un autre empereur qui ne pouvait voir d'un œil indifférent dépouiller des princes dont il était le parent ou l'allié. Il avait enfin pour maître un roi timide qui ne semblait pas né pour de telles aventures. Il sut, à force d'instances et de manœuvres contre l'Autriche, décider ce roi de Prusse, ménager cet empereur de Russie dont il caressait la rancune contre l'Autriche, séduire cet empereur des Français par la perspective d'une rectification de frontières, de la cession des bords du Rhin, au besoin paralyser les forces hostiles de la Confédération germanique, gagner l'Italie à son alliance par l'appât solide de la Vénétie, et enfin frapper le grand coup avec l'armée de M. de Molke. L'entreprise contre la France lui fut rendue plus facile par l'aveuglement et l'infatuation d'un gouvernement qui ne sut ni prendre son parti de l'étonnante fortune de la Prusse, qu'il avait aidé à faire, ni préparer efficacement la réparation militaire de ses échecs diplomatiques. Mais, encore ici, M. de Bismarck, dont la politique a toujours été de provoquer ceux qu'il lui convient d'avoir pour ennemis, comme de tenter ceux qu'il lui convient d'avoir pour alliés ou pour complices, avait pris soin, en se ménageant une puissante amitié, de contenir l'Autriche et de ramener la guerre à un duel où il sentait l'Allemagne très forte et savait la France mal préparée à la lutte.

La France abattue, l'Autriche impuissante, l'Italie indifférente, il semblait que le terrible chancelier pût dormir en paix. Mais les politiques de cette trempe veillent en dormant. Son œil, toujours ouvert sur la France, vit qu'elle reprenait trop vite sa richesse, sa force, sinon son audace. C'est alors qu'il eut l'idée de tomber sur nous avant que nous eussions le temps de nous mettre en garde. L'Europe l'arrêta, la Russie et l'Angleterre en tête. Ce jour-là, il dut réfléchir profondément, après le premier moment de surprise et d'irritation. Il comprit qu'il n'avait plus rien à espérer de la Russie contre la France, et même qu'il pourrait bien avoir quelque chose à en craindre. Il se souvint alors qu'il pouvait bien avoir quelques torts à réparer envers l'Autriche, et que l'empereur Guillaume avait toujours eu des regrets, sinon des remords à cet endroit. N'y avait-il pas du côté de l'Orient d'amples compensations pour l'Autriche, qui auraient d'ailleurs pour l'Allemagne l'avantage certain de faire oublier à son ancienne rivale la revanche de Sadowa, en créant à l'empire autrichien des intérêts assez puissants pour absorber son action politique et militaire? Tout ce qu'il voulut faire pour sa grande alliée fut de la laisser s'engager dans cette guerre d'Orient où elle devait perdre tant de sang, sans gagner beaucoup de prestige. Mais, dans le congrès qu'il présida pour le règlement des intérêts divers, il lui fit cruellement sentir que l'Allemagne n'avait plus besoin d'elle. Il avait déjà passé du côté de l'Autriche. Un mot prêté au prince Gortchakof suffit à réveiller toutes ses craintes sur la durée de l'œuvre double accomplie en 1870, l'unité de l'Allemagne et la grandeur de la Prusse. « Soyez forts, » nous avait dit l'homme d'Etat russe. Depuis ce jour , l'alliance franco-russe fut le cauchemar de M. de Bismarck ; malheur au voisin qui trouble son sommeil. Il chercha donc partout des alliés pour l'Allemagne, sinon contre la Russie. On sait comment son voyage à Vienne eut pour résultat de conclure une alliance défensive. N'étant point encore assez rassuré, il tenta d'engager l'Angleterre dans cette alliance, et il était sur le point d'y réussir, lorsque les élections amenèrent la chute fort imprévue du ministère Beaconsfield, remplacé par un ministère Glastone. Le cabinet conservateur n'eût assurément pas prêté l'oreille à tout projet hostile à la France. Loin de là, il eût repris la même attitude qu'en 1875, s'il eût rencontré le même mauvais vouloir à notre sujet. Mais il n'en devenait pas moins l'allié de l'Allemagne et de l'Autriche, prêt à les soutenir contre la Russie, dont l'ambition inquiétait peut-être outre mesure. En perdant l'alliance anglaise, M. de Bismarck perdait donc une garantie précieuse contre une éventualité possible, l'entente de la Russie et de la France contre un voisin trop puissant et trop entreprenant. Au lieu d'un cabinet hostile, c'est un cabinet sympathique à la Russie que retrouve M. de Bismarck, à la suite des élections anglaises. Il voit tout de suite l'Angleterre, la Russie, la France et peut-être l'Italie réunies dans un intérêt commun de revanche, ou de résistance tout au moins aux entreprises de l'Allemagne suivie par l'Autriche. C'est pour cela qu'il s'efforce en ce moment d'engager l'Italie dans l'alliance austro-allemande, cherchant de ce côté le gage de sécurité qui lui a manqué ailleurs.

Toute alliance est bonne pour M. de Bismarck, auquel il faut rendre cette justice qu'il ne connaît point d'ennemi dont il ne puisse faire un allié, ni d'ami dont il ne puisse faire un adversaire. On le dit déjà disposé à revenir à l'alliance des trois puissances du nord. Pourquoi pas, si cette combinaison, qui ne déplairait ni à l'empereur Guillaume, ni même à l'empereur Alexandre, devait isoler la France? Et cette France elle-même, pourquoi ne permettait-elle pas à M. de Bismarck de dormir tranquille, en se laissant ab-

sorber dans le système des puissances de l'Europe centrale?
On sait que M. de Bismarck n'a pas de rancune. Quand il
est allé à Vienne sceller l'alliance de l'Allemagne et de l'Autriche, n'a-t-il pas fait visite à notre ambassadeur, pour lui
dire les choses les plus aimables, celle-ci entre autres : que
l'Allemagne serait heureuse de vivre en paix, en amitié avec la
France, que les haines nationales ne durent pas aujourd'hui
entre les nations sœurs de l'Europe, que la France et l'Angleterre se sont jetées dans les bras l'une de l'autre après
des guerres atroces, que de même il espérait bien qu'avant
peu, entre la France et l'Allemagne, il n'y aurait plus de
vainqueurs ni de vaincus? N'a-t-on pas récemment reproduit
dans un journal allemand une causerie intime à Varzin, où
le chancelier se serait évertué à developper à notre ambassadeur à Berlin tout un plan philosophique et philanthropique de
triple alliance entre les trois grandes puissances de l'Europe
centrale, l'Allemagne, l'Autriche et la France? Ici encore,
son interlocuteur, s'il eût eu le droit d'être curieux, aurait pu
lui demander comment on pourrait bien cicatriser cette blessure de la France dont parlait M. de Bismarck avec tant de
sympathie, et quel malheureux petit peuple payerait les frais
de cette alliance qui devait assurer à jamais la paix et le bonheur de l'Europe, menacée si sérieusement par ces deux puissances envahissantes qu'on nomme la Russie et l'Angleterre.
Notre ambassadeur savait-il qu'en ce moment même le chancelier allemand faisait tous ses efforts pour engager l'Angleterre dans une alliance de l'Autriche et de l'Allemagne contre
la Russie, dont l'entente possible avec la France est sa prin-
cipale préoccupation? Si la politique laisse jamais à M. de
Bismarck le temps d'écrire ses *Mémoires*, il nous dira si cette
histoire n'est autre chose qu'un conte allemand, comme toutes
celles qu'il laisse courir à dessein. Mais n'est-ce pas le cas de
répéter le mot italien : *Se non e vero, e ben trovato?* C'est
bien là M. de Bismarck, toujours libre, toujours ouvert,
toujours tentateur dans sa politique des alliances, aimant à
parler de tout avec tous, toujours prêt à continuer ou à
reprendre la conversation si l'on a paru s'y intéresser, à la

laisser tomber du moment qu'il s'aperçoit qu'il n'est pas compris ou qu'il l'est trop. Il ne serait pas impossible, par parenthèse, que le chancelier ne reprît avec notre nouveau ministre des affaires étrangères le dialogue peu authentique de Varzin. Mais alors nous comptons que le patriotisme de M. Barthélemy Saint-Hilaire le tiendra en garde contre les séductions d'un homme d'État qu'il ne faut pas moins craindre qu'admirer. Il n'oubliera point que, si M. de Bismarck semble vouloir du bien à notre République, il n'a pas tout à fait les mêmes sentiments pour la France [1].

Tel est l'homme qui domine la politique européenne, ne voulant invariablement qu'une chose, la puissance et la grandeur de son pays, aussi changeant dans ses moyens d'action, aussi mobile dans ses alliances qu'il est constant dans ses préoccupations patriotiques, inflexible dans la poursuite de son but, n'ayant d'engouement pour aucun parti, d'attachement à aucune tradition, tour à tour conservateur, libéral, radical, révolutionnaire, selon que ces différents rôles conviennent à ses desseins, sans passion pour la guerre ni pour la paix, voulant celle-ci quand il en a besoin, se décidant pour celle-là quand elle lui est utile, toujours actif, infatigable, croyant, comme César, n'avoir rien fait tant qu'il reste quelque chose à faire pour l'avantage de son pays, pensant aux possibilités de l'avenir, en même temps qu'il veille sur les réalités du présent. Diplomates grands et petits de notre temps, saluez votre maître et profitez de ses leçons!

Quel a été jusqu'à ces derniers jours le jeu de M. de Bismarck dans la conférence de Berlin? Est-ce lui qui la poussait à l'action contre la Porte, ou bien ne faisait-il que suivre comme les autres l'impulsion commune? Ce dernier rôle n'est guère dans son tempérament. En quoi ces questions monténégrine, grecque, bulgare, arménienne, qui menacent de mettre

---

1. M. de Bismarck à M. Darnim : « Nous n'avons certainement pas pour devoir de rendre la France puissante en consolidant sa situation intérieure et en y établissant une monarchie en règle, ni de rendre la France capable de conclure des alliances avec les puissances qui ont jusqu'à présent avec nous des relations d'amitié. » (Dépêche n° 271, du 20 décembre 1872.)

l'Europe en feu, l'intéressent-elles? Est-ce pour en faire sortir
la paix ou la guerre qu'il paraît être entré si avant dans
l'action commune avec les autres diplomates? Si c'est la
paix qu'il voulait, que n'a-t-il arrêté cette dangereuse initiative d'un mot? Lui seul le pouvait. Si c'est la guerre,
alors dans quel intérêt et pour quel résultat la voulait-il?
Croyait-il le moment propice pour rouvrir la question
d'Orient, afin d'en venir à la solution rêvée? Ou bien songeait-
il seulement à conserver le *statu quo* en Orient, sauf les
satisfactions à donner au Monténégro et à la Grèce, et à rem-
placer l'Angleterre et la France dans les conseils de la Porte?

Peut-être cet esprit aussi habile qu'audacieux pensait-il
à l'une et à l'autre solution, toujours sûr, comme les politiques de sa force, de faire tourner les événements au profit
de sa politique. Il a toujours gagné à ce jeu, où il sait bien
que la fortune a une large part, parce qu'il a toujours mis
son art, non à conduire le jeu tout seul, comme le faisait
Napoléon le Grand, mais à se servir, pour faire tout le gain
possible, de la force des événements et de la volonté des
hommes. C'est en cela qu'excelle le génie politique du chancelier allemand. Bien qu'il voie de très loin les choses, qu'il
sache concevoir des desseins de grande portée et en pour-
suivre l'exécution avec persévérance, ce qui est particulièrement remarquable chez ce politique complet, c'est le talent
de saisir l'occasion et le moment favorables en toute affaire.
Un diplomate qui a toute sa confiance, M. de Balan, a défini
parfaitement sa méthode, quand il a dit : « Monsieur le chancelier trouve que c'est la faute ordinaire de la politique allemande de se préparer trop tôt à des événements qui pourraient se produire dans un sens déterminé [1]. » Voilà comment
on est prêt à profiter de tout en toute circonstance.

M. de Bismarck a joué de terribles parties dans lesquelles
l'enjeu était la fortune de la Prusse. Ainsi la campagne contre
l'Autriche, où il pouvait trouver la défaite au lieu de la
victoire; auquel cas son revolver eût fait justice du joueur

---

1. Dépêche n⁰ 239, du 23 novembre 1872. M. de Balan à M. Darnim.

malheureux sur le champ de bataille de Sadowa. Ainsi la campagne contre l'Empire, dont, malgré ses informations, il ne pouvait prévoir toutes les faiblesses et toutes les incapacités. Maintenant qu'il a atteint les grands résultats de sa hardie initiative, il sait qu'il a moins besoin d'audace que de prudence. Il joue encore, il jouera toujours ; mais il ne joue plus guère qu'à coup sûr, avec des adversaires qui n'ont ni ses talents ni ses atouts. Jusqu'ici, sur le tapis de la conférence de Berlin, il nous paraît avoir joué un jeu unique, grâce à l'action commune, un jeu où il ne trouvait que des partners. Sans doute, les diplomates qui le secondaient, croyaient jouer chacun leur jeu, et l'art de M. de Bismarck les confirmait dans cette prétention. L'un cherchait dans l'imbroglio oriental une satisfaction d'honneur, l'autre un territoire à gagner sur son voisin, celui-ci une grosse part dans le démembrement de la Turquie, celui-là une part plus grosse encore, s'il est possible. Pour n'avoir pas de but visible, M. de Bismarck ne se serait pas intéressé au jeu à ce point, s'il n'y avait eu quelque sérieux avantage à recueillir pour sa politique tout allemande. Tant que la résistance de la Porte à toutes les exigences de la conférence a maintenu l'action commune des puissances signataires du traité de Berlin, le jeu du chancelier allemand restait obscur. L'Angleterre et la Russie parlaient d'agir énergiquement et promptement. L'Italie hésitait, cherchant toujours où était son intérêt. La diplomatie française était arrêtée net dans son initiative par l'explosion de l'opinion publique et du sentiment populaire, et semblait condamnée à un rôle purement contemplatif dans le concert européen, dont d'ailleurs elle n'entendait pas sortir. L'Allemagne et l'Autriche paraissaient devoir se réserver et laisser faire l'Angleterre et la Russie, en attendant les événements.

On a pu craindre un moment que M. de Bismarck, qui aime à *faire grand*, n'eût joué à la guerre. Il est clair que si l'on eût laissé l'Angleterre et la Russie commencer la campagne contre la Turquie, avec le concours de toutes les nationalités d'origine slave ou grecque, l'Autriche n'eût pas tardé

à les suivre dans la carrière ouverte, que le résultat de la lutte
eût été l'expulsion des Turcs d'Europe, et qu'un nouveau
et grand congrès eût été tenu à Berlin, encore sous la présidence de M. de Bismarck, où les questions de possession ou
de protectorat eussent été réglées à la plus grande satisfaction
de l'Autriche et de l'Allemagne. Qui peut affirmer que l'ima-
gination du chancelier allemand n'a pas été tentée par un
tel dénouement de la crise orientale? Ce qui paraît certain,
c'est que maintenant, pour des raisons qu'il n'est pas impossible de deviner, il conseille et appuie réellement, de concert avec l'Autriche et la France, la politique du *statu quo*
en Orient et de la paix. Il n'est pas probable, quoi qu'on ait pu
croire, qu'il ait inspiré la note belliqueuse de la Porte qui a
a mis toute l'Europe en émoi, et il est avéré qu'il a décidé
la note pacifique qui vient de rassurer les amis de la paix. Il
est sûr en tout cas que, si M. de Bismarck eût franchement
joué à la guerre, il n'eût pas donné au sultan le conseil qui
devait rendre les meilleures chances à la politique de la
paix. A ce jeu, nous dira-t-on, que peut-il avoir gagné?
Une chose qui n'est pas d'un médiocre intérêt pour sa sécurité, qu'il ne trouve jamais trop garantie contre le péril d'une
alliance franco-russe. C'est que la Turquie, abandonnée
par la France et l'Angleterre, dont elle ne rencontre plus que
l'hostilité ou la gênante ingérence, ne pourra plus chercher
de protection contre les agitations et les entreprises de la politique russe qu'auprès des puissances allemandes, lesquelles
pourraient, en échange, compter au besoin sur les excellents
soldats de la nombreuse armée turque, organisée et com-
mandée par des officiers allemands. Est-ce là ce qu'ont voulu
les politiques qui ont mis en avant la question des frontières
grecques, promis la mission militaire, poussé à la démonstration navale, et encouragé une expédition aux Dardanelles?
Vainement l'Angleterre et la France essayeront-elles désormais de reprendre leur vieille politique envers la Turquie;
elles trouveront la place prise et bien gardée par deux puissances, l'une surtout qui ne s'est associée à l'action commune
que pour montrer jusqu'à l'évidence au gouvernement de la

Porte quel fond il pouvait faire sur l'amitié de ses séculaires alliés. A notre profond regret, nous sommes obligés de reconnaître qu'ici encore M. de Bismarck a fait un coup de maître, et que notre diplomatie peut s'estimer heureuse qu'il n'en ait pas fait un plus grand, grâce à la sagesse du sultan, à l'hésitation de l'Autriche et peut-être à la répugnance du peuple allemand lui-même pour tout ce qui ressemble aux grosses aventures. Quoi qu'il en soit, voilà un résultat de la campagne diplomatique contre la Porte, auquel bien des diplomates de la conférence de Berlin ont concouru sans le vouloir et sans le savoir. Avions-nous tort de dire que c'était M. de Bismarck qui menait tout ce jeu de l'action commune où il n'a point trouvé d'adversaire? Il peut maintenant dormir tranquille du côté de la Russie ; il pourra, le cas échéant, compter sur une diversion qui ne permettra de longtemps à cette puissance d'avoir toute sa liberté d'action dans une guerre d'attaque ou de défense.

Voilà, selon nous, tout le mystère de la diplomatie de M. de Bismarck révélé par les derniers incidents de la crise orientale. Après avoir annoncé une résistance sur toute la ligne aux sommations de la conférence de Berlin, pourquoi le sultan cède-t-il tout à coup sur la question monténégrine et paraît-il décidé à livrer Dulcigno sans conditions? On a dit que le conseil de capituler est venu d'où était venu auparavant le conseil de résister. C'est peut-être prêter à M. de Bismarck une politique trop sournoise ; et, cette hypothèse admise, il resterait encore à expliquer pourquoi le chancelier allemand a changé d'avis. Il n'avait pas besoin de cet artifice pour arriver à son but ; d'autre part, il ne s'est point passé en quelques jours d'événement grave qui pût expliquer ce revirement. Nous croirions plutôt que la note si fière adressée aux puissances par le sultan n'eut pas d'autre conseiller que la colère d'un vrai Turc poussé à bout par la conférence de Berlin et encouragé à la résistance par le fanatisme de son peuple. On comprend qu'après ce beau mouvement quelqu'un ait jugé le moment venu de prendre la place vacante d'un sincère ami dans les conseils de la Porte, en faisant réfléchir le sultan qu'il fallait pourtant céder quelque chose à l'Europe pour sauver le reste. Le reste, ce sont les provinces que la Grèce réclame, c'est la Bulgarie orientale que travaille la propagande slave, c'est la Macédoine que l'Autriche se verrait dans la nécessité d'occuper, ce sont les îles grecques sur lesquelles l'Angleterre pourrait bien mettre la main, chaque puissance prenant ses sûretés, c'est enfin Constantinople même et toute la Turquie d'Europe, dont l'occupation provisoire pourrait bien se convertir en conquêtes définitives, soit au profit des puissances voisines, soit au bénéfice des nationalités. Si trois puissances, l'Allemagne, l'Autriche et la France, ont donné en même temps au sultan le conseil de céder, il est vraisemblable que le plus écouté des trois a dû être le conseiller allemand, non pas seulement parce que c'est celui qui a le plus de crédit en ce moment auprès de la Porte, mais surtout parce que c'est celui qui, au fond, s'intéresse le moins à l'exécution des décisions de la conférence. Mais enfin pourquoi ce conseil de sagesse, au moment où la fougueuse impatience de M. Glastone allait mettre le feu à l'Orient? Espère-t-on sa chute prochaine et le retour des conservateurs aux affaires? Ou l'Autriche, retenue par les Hongrois et les Allemands, se refuserait-elle pour le présent à courir la grande aventure rêvée par M. de Bismarck, c'est-à-dire sa transformation en un second empire slave qui ne pourrait gagner Salonique et la Macédoine qu'en risquant de perdre Trieste et les provinces allemandes? Ou bien le chancelier de fer lui-même reculerait-il devant une guerre d'Orient, où les puissances allemandes pourraient trouver contre elles une coalition de la Russie, de l'Angleterre, de la France, peut-être même de l'Italie? Ou enfin, ce qui est l'hypothèse plus probable, ne serait-ce pas tout simplement que M. de Bismarck a atteint son véritable but, le protectorat de la Turquie, après avoir fait mine de s'associer à la politique antiturque de la France, de l'Angleterre et de la Russie? Quoi qu'il en soit, le chancelier allemand est décidément à la paix, et l'Europe commence à respirer.

IV

Nous verrions finir sans regret la comédie du concert européen. Quand l'opinion paraît s'inquiéter de notre participation aux actes de la conférence de Berlin, on croit la rassurer en lui rappelant que la France ne poursuit point une politique personnelle, qu'elle ne fait que s'associer à l'action commune des puissances, que le pays n'a donc point à craindre une politique d'aventure. « La France, lui dit-on, n'a fait jusqu'ici que ce qu'a fait l'Europe. Dans aucun cas, en aucune hypothèse, elle ne fera autrement. Y a-t-il une politique plus sage, plus sûre, plus propre à maintenir la paix? » Si cela suffisait pour rassurer l'opinion, il faut avouer qu'elle ne serait pas difficile. Pour nous, c'est précisément cette communauté d'action qui nous donne des inquiétudes.

> Ce bloc enfariné ne nous dit rien qui vaille,

pourrait-on répéter à propos du concert européen. La presse quotidienne, dont les impressions étaient naguère assez sombres sur les affaires d'Orient, a prononcé un mot qui nous semble caractériser très exactement le péril de la situation. Nous étions dans l'engrenage d'une machine que nous avons mise en mouvement nous-mêmes, et qui tourne sans que l'on puisse prévoir ce que son mouvement amènera. Nous y avions mis la main; nous y aurions mis le bras, si le pays, plus sage que certains de ses conseillers, ne l'avait arrêté. Qui pouvait nous assurer, au train dont allaient les choses, que le reste du corps n'y aurait point passé? On nous répondait que la France saurait se dégager à temps de l'étreinte de l'action commune, qu'elle n'y était entrée qu'en faisant des conditions qui en limitaient la portée en ce qui la concerne, qu'elle serait toujours maîtresse de s'arrêter, si elle s'apercevait qu'on lui faisait jouer un jeu dangereux. Un tel langage ne nous semble pas exempt d'illusion. On ne commande pas toujours aux événements. Ne pouvait-il pas arriver que, au moment où la France aurait jugé à propos de retirer sa main, elle ne le pût plus devant la violence et la gravité des incidents que l'attitude de la conférence pouvait provoquer? La démonstration navale devant Dulcigno a été sur le point de se faire; c'était le point aigu de la question. La sagesse du sultan a fait qu'elle est restée suspendue comme une simple menace sur la tête de la Porte. Autrement, si l'on n'eût pas voulu qu'elle se réduisît à une ridicule parade, elle pouvait entraîner un bombardement, peut-être un débarquement au besoin. La marine française pouvait-elle s'abstenir en ce cas? Si elle le pouvait et si elle le devait faire, comme on l'assurait, n'eût-il pas mieux valu qu'elle ne s'exposât point à une pareille retraite? Mais même à ce prix le danger n'était pas conjuré, si, comme il était facile de le prévoir, ce bombardement, auquel l'escadre française aurait reçu l'ordre de ne point participer, eût déchaîné le fanatisme musulman, et surexcité le patriotisme des nationalités encore sous le joug de la Porte. C'était l'Orient en feu. Qu'eussions-nous fait alors? A la suite de telle ou telle puissance européenne, soit l'Angleterre, soit la Russie, soit l'Autriche, soit toutes les puissances ensemble, eussions-nous engagé nos forces au service de desseins dont nous n'avions pas le secret, dans un pays lointain où nous n'avions point de conquêtes à faire. Et si nous nous abstenions, après avoir pris l'initiative de cette belle campagne, aurions-nous cru avoir assez fait pour notre honneur et notre crédit en rentrant dans notre prudente réserve, après que l'étincelle jetée par nos mains eût allumé ce grand incendie qui devait dévorer l'Orient? Alors le dénouement de la crise aurait éclaté comme le plus grand coup de tonnerre qui ait jamais retenti en Europe depuis des siècles. L'heure aurait sonné où les Turcs, selon le vœu de M. Glastone, devront quitter l'Europe le sac au dos, après l'avoir couverte de ruines, et leur succession était ouverte. Voilà où pouvait conduire la politique de l'action commune. Et la France, qui ne veut que la paix, eût-elle assisté l'arme au pied à cette effroyable exécution, sauf à venir encore une fois, mais dans des circonstances autrement graves, à un nouveau congrès de Berlin, pour y signer peut-être sa définitive déchéance?

La question monténégrine réglée le moins mal possible, tout n'est pas dit. Il reste d'autres questions sur lesquelles la conférence de Berlin a pris et notifié sa décision, notamment la question grecque. Devant les éventualités que provoquerait l'exécution de ses volontés, nous dira-t-on qu'il est trop tard pour reculer? Il est trop tard, si l'on veut, pour l'amour-propre de la conférence, qui a engagé l'Europe inconsciente et passive dans d'aussi dangereuses complications. Il faut espérer qu'il n'est pas trop tard pour conserver la paix de l'Europe. L'amour-propre d'une conférence n'est pas chose si précieuse qu'il faille lui sacrifier un pareil intérêt. On comprend qu'il doive en coûter à une puissance de reculer seule devant la nécessité d'une situation que seule elle a commis l'imprudence de créer. Mais la conférence de Berlin est un être collectif auquel un échec ne peut être bien sensible. L'Europe rira peut-être un peu à ses dépens. Et encore est-il bien sûr qu'elle ait envie de rire d'une retraite tardive, il est vrai, mais d'un aussi heureux effet. Nous sommes plutôt tenté de croire qu'elle lui enverra des actions de grâces. D'ailleurs, cette retraite ne sera point une déroute. En reculant en bon ordre, la conférence ne fera que rentrer dans le rôle qu'elle n'eût pas dû dépasser. Qu'elle ait entrepris de mener à bonne fin la tâche ingrate que lui imposait le traité de Berlin au sujet de la cession de territoire à faire au Monténégro, c'est déjà, à ce qu'elle peut voir, une assez difficile besogne. Oui, c'est toujours une tâche ingrate que de pourvoir à l'exécution d'une convention faite contre le droit des nationalités et la volonté des populations. Le congrès, composé de diplomates qui devaient connaître leur Europe, n'eût certainement pas oublié qu'il y a sur les côtes de l'Adriatique un petit peuple qui a une histoire sanglante et glorieuse, témoignage éclatant de son attachement à sa nationalité, s'il n'eût été dominé par des considérations personnelles. Mais enfin, puisqu'il faut que force reste à la loi, c'est-à-dire au traité de Berlin, que la conférence s'en tienne à une satisfaction quelconque assurée au Monténégro, soit avec Dulcigno et ses alentours, soit avec toute autre portion du territoire turc, soit même avec une indemnité pécuniaire qui serait peut-être le meilleur cadeau à faire à ce pauvre pays. Tout le reste de son programme dépasse le traité dont la Porte est en droit de réclamer la pure et simple exécution.

Et à ce propos l'opinion publique ne trouve-t-elle pas que la diplomatie en a pris fort à son aise, dans cette conférence de Berlin, où l'on a tout oublié, les sentiments des populations, les déclarations ministérielles, les votes parlementaires, les stipulations du traité favorables aux Turcs, les réserves faites, au sein du congrès lui-même, en ce qui concerne l'exécution des clauses de ce traité? Comment peut-on parler d'engagements pris par nos diplomates en face de l'ordre du jour voté en ces termes par notre Chambre des députés le 7 juin 1878 : « La Chambre invite le gouvernement à exercer son action en faveur de la paix, de la neutralité de la France et des intérêts généraux de l'Europe? » M. Wadington emporta ces instructions au congrès de Berlin. Comment ses successeurs ont-ils pu les oublier? Comment la conférence a-t-elle pu se croire le droit de procéder par la menace et la force à l'exécution de ses décisions, en ce qui concerne les questions monténégrine, grecque et arménienne, quand elle n'avait qu'à relire les procès-verbaux de la séance du congrès où fut rejetée une proposition de la Russie tendant à « préciser les principes et les moyens par lesquels le congrès entendrait assurer l'exécution de ses hautes décisions »? Quelle peut être l'autorité d'une conférence qui laisse dans l'oubli les clauses du traité concernant la garde des Balkans et la démolition des forteresses, tandis qu'elle poursuit l'épée dans les reins l'exécution des clauses onéreuses au vaincu? Vraiment, ce pauvre sultan, qu'on traite de fou, n'est pas si dépourvu de sens, quand il rappelle la diplomatie européenne au respect des traités! M. de Bismarck, qui avait paru oublier le vote du congrès de Berlin, relatif à l'exécution de ses décisions, pendant tout le temps qu'il a poussé à l'action commune, s'en est parfaitement souvenu le jour où il a jugé le moment venu de prendre enfin parti pour la prise et le maintien de l'empire ottoman.

Mais que va dire, que va faire la Grèce, à laquelle notre diplomatie a donné de si belles espérances? La Grèce fera prudemment de ne pas se presser d'entrer en campagne et d'attendre, encore cette fois docile aux conseils de l'Europe, le résultat de pacifiques et peut-être un peu longues négociations. Certes, le peuple grec est fort intéressant, et son avenir n'est pas douteux. C'est la France qui l'a arraché à la cruelle domination des Turcs. Et si la politique par trop conservatrice de l'Angleterre et de l'Autriche l'a enfermée dans le berceau de son indépendance, ce n'est pas la faute de la France, qui eût voulu pour elle tout au moins les frontières obstinément refusées aujourd'hui par la Porte à la conférence de Berlin. Mais la France et l'Europe ont le droit de compter sur la patience des nationalités qui espèrent, les unes leur complète émancipation, les autres un agrandissement de leur territoire. Tant que ces peuples n'auront pas la force, la discipline, le courage de s'émanciper ou de se faire leur part eux-mêmes, ils ne peuvent s'irriter que l'Europe ne sacrifie point la paix générale à leurs espérances. Attendront-elles longtemps? Si l'on ne peut affirmer que les jours de la domination turque sont comptés, il est permis de croire que le moment n'est pas très éloigné où elle aura cessé de peser sur les populations chrétiennes. Il n'y a plus aujourd'hui une seule grande puissance européenne qui nourrisse l'illusion de conserver l'empire turc en Europe, en le réformant et en le régénérant.

L'empire ottoman, où la race turque est partout en minorité, surtout en Europe, est gouverné, administré ou plutôt exploité par une espèce d'aristocratie sans noblesse et sans honneur, d'origine presque entièrement étrangère, grecque, arménienne, albanaise, hongroise, polonaise, allemande, où les vrais Turcs se comptent, où l'on ne rencontre guère que des Turcs qui ont fait leur éducation européenne dans toutes nos capitales. Sauf de rares exceptions, cette classe est le type de la rapacité, de la bassesse et de l'incurie. C'est ce qui fait que les lois les plus sages, les règlements les plus sévères restent toujours une lettre morte dans la pratique.

La veritable réforme à faire serait celle du personnel administratif. Mais c'est la plus difficile. Si l'empire ottoman a trouvé un Mahmoud pour exterminer les janissaires indisciplinés, il est plus que douteux qu'il en rencontre jamais un autre pour le délivrer de ses fonctionnaires avides et corrompus. Quoi qu'il arrive, cet empire restera barbare; un Pierre le Grand n'en ferait pas un empire civilisé. C'est que par ses qualités et ses vertus, comme par ses défauts et ses vices, la race turque est invinciblement rebelle à la civilisation européenne. C'est un peuple brave, honnête, sobre et sain, dur à la fatigue, insensible aux privations, stoïque dans la douleur, donnant et recevant la mort avec la même impassibilité. S'il est fanatique, on ne peut nier qu'il ne soit tolérant envers les chrétiens; mais d'une tolérance mêlée d'un superbe mépris. On pourra lui faire accepter tous les adoucissements possibles à la condition actuelle des chrétiens; on ne pourra jamais lui faire comprendre ni pratiquer l'égalité des droits des races et des religions. Or c'est là ce que réclament en ce moment les nationalités chrétiennes, en attendant qu'elles arrivent au monopole de la propriété et de la puissance dans le pays qu'elles regardent comme leur appartenant. Les qualités et même les vertus de la race turque peuvent exciter l'admiration et même la sympathie des touristes, qui ne les retrouvent pas au même degré chez les populations grecques ou slaves de l'Orient. Mais ces qualités et ces vertus ne sont pas de celles qui font entrer et avancer un peuple dans la voie de la civilisation. C'est surtout par l'intelligence et l'activité, qualités dominantes chez les Grecs, qu'un peuple se civilise, de façon à pouvoir prendre tôt ou tard sa place dans la grande société européenne.

La question d'Orient n'est donc qu'une affaire de temps. La solution en est connue, d'autant mieux connue qu'elle est depuis près d'un siècle déjà en train de se réaliser. La Roumanie, la Serbie, la Grèce, la Bulgarie ne sont-elles pas des fragments détachés de la Turquie d'Europe par un démembrement partiel? A mesure que les progrès de faiblesse et de décomposition d'une part, de force et d'orga-

nisation de l'autre, rendront nécessaire la séparation de telle
partie de cet empire qui menace ruine, ce sera un pas de
plus fait vers cette grande confédération qui doit être la
véritable, l'unique héritière de la Turquie en Europe, dans
l'intérêt de l'équilibre européen. Cette politique n'est pas
nouvelle. Nous l'avons entendu exposer par Guizot avec une
incomparable éloquence dans les Chambres du gouvernement
de Juillet. Tous les hommes d'Etat qui inspirent et dirigent la
conférence de Berlin pensent de même sur l'empire turc.
Seulement il en est un qui est plus impatient d'en finir que
les autres. C'est M. Glastone, dont la conscience philanthropique et chrétienne ne sera en repos que le jour où il n'y
aura plus un seul Turc en Europe. Ce serait fort bien, si tous
les diplomates étaient des apôtres. Et encore faudrait-il,
dans l'intérêt de l'humanité, que l'opération fût la moins
douloureuse possible. Notre diplomatie ne va pas jusque-là,
grâce à Dieu. Elle n'est pas aussi impatiente de délivrer les
chrétiens. Elle pense surtout à la Grèce, et serait heureuse
de donner, par un succès diplomatique qui ne coûterait rien
à la paix, un peu de lustre à notre République, à laquelle ne
suffit pas la gloire d'avoir dispersé les congrégations. Mais
nous ne croyons pas qu'elle entende faire ou laisser faire,
dans la mesure de son autorité, quoi que ce soit qui rouvre la
question d'Orient aux ambitions d'une politique aventureuse.
Dût la Grèce attendre encore de longs jours la réalisation
de la grande *idée*, un intérêt supérieur domine toutes les
sympathies helléniques : la paix de l'Europe, que le démembrement actuel de la Turquie ne manquerait pas de troubler
profondément, et, en ce qui nous concerne personnellement,
l'honneur et la puissance de la France, à laquelle on ne voit
pas quelle compensation l'Europe pourrait offrir en ce moment, dans le remaniement de sa carte géographique. Le
concert des puissances, qu'il existe sous la forme d'un congrès, d'une conférence ou simplement d'une entente des
ambassadeurs et des consuls européens, peut et doit subsister devant la nécessité de la situation orientale. Tant que
la domination turque subsistera, tant que musulmans et

chrétiens resteront en présence, il y aura une surveillance à exercer, des conseils à donner, une politique de réformes pour les uns, de protection pour les autres à pratiquer. La grande voix de l'Europe, bienveillante si la Porte lui prête l'oreille, impérieuse si elle est sourde, se fera entendre tant qu'il y aura des abus, des désordres, des violences, des cruautés à signaler, et l'Europe ne saurait trop donner d'autorité à cette voix par l'imposante unanimité de ses plaintes et au besoin de ses résolutions. Quelles résolutions, nous dira-t-on, pourra prendre désormais l'Europe, si elle montre actuellement qu'elle veut la paix à tout prix? Nous ne pouvons croire que l'Europe n'ait d'autre moyen que la guerre pour faire prévaloir sa volonté, à un moment donné. Quand elle n'aurait que son crédit, dont la Porte a plus besoin que jamais, n'est-ce pas assez pour rendre celle-ci sage et docile? Quoi qu'il en soit, ce qui se passe est une leçon pour la conférence de Berlin. Elle a trop présumé de la faiblesse du malade ; elle voit un peu tard qu'il est encore capable d'un effort désespéré. Il faut donc qu'elle abandonne au plus vite les brûlantes questions de territoires à prendre ou à répartir pour se renfermer dans les considérations supérieures de paix, de justice et d'humanité, en ce qui concerne l'Orient. Déjà, l'Autriche et l'Angleterre ont donné un fâcheux exemple, l'une en s'appropriant l'île de Chypre, l'autre en occupant violemment la Bosnie et l'Herzégovine, qu'elle n'évacuera jamais. La Russie, qui a de plus hautes visées, avait cherché dans le traité de San-Stéphano un grand protectorat des populations slaves. Pourquoi faut-il que la France, toujours noble et désintéressée, n'ait pas eu la sagesse de s'en tenir aux questions qui n'engagent ni sa sécurité ni son honneur?

V

Il n'est que temps d'aviser, pour la France surtout, qui n'a rien à gagner au dénouement du drame dont le prologue a jusqu'ici conservé les apparences pacifiques. Elle n'a rien de mieux à faire, selon nous, que de reprendre cette attitude de recueillement qui lui permet d’achever en silence l’œuvre de sa régénération et de sa réorganisation, sans cesser de veiller sur les nombreux et divers intérêts engagés sur toute la surface du globe, sans renoncer à répondre aux avances ou aux communications sympathiques d’autres puissances. Si le moment des *alliances*, dans le sens strict du mot, n’est pas venu, il est toujours possible à la politique d’un gouvernement prévoyant de s’assurer le bon vouloir, de se ménager l’appui au besoin de celles dont les intérêts et les sentiments sont en accord avec les nôtres. Les jours de grande action ne viendront peut-être que trop tôt; il ne faut que regarder l’état de l’Europe pour le prévoir. La politique de petite action n’est point le fait d’un grand pays qui a tant perdu. Notre gouvernement pourrait tout au plus y recueillir des satisfactions de vanité qui ne valent pas l’orgueil des souvenirs et des espérances d’un peuple resté grand, malgré ses désastres.

La France n’a point perdu sa puissance avec ses provinces et ses milliards. L’étranger sait que c’est un riche pays et un vaillant peuple. Il a vu avec quelle rapidité la France a relevé sa fortune financière, industrielle, commerciale. Il sait que, malgré les passions politiques qui l’agitent et la divisent, l’unité nationale y est plus forte, plus solide qu’en aucun pays de l’Europe. Il a toujours compté avec elle, même au lendemain de nos défaites. On peut donc être assuré, dans les conseils du gouvernement, que, si la politique française sait se garder à la fois des défaillances de la peur et des folies de l’infatuation, rien de grave, de grand, de décisif ne se fera sans son concours en Europe. Il n’y a donc ni jactance ni imprudence à dire à la face de l’étranger que la France entend reprendre, dans les conseils de l’Europe, le rang d’où l’ont fait déchoir ses désastres. Un pareil langage n’a rien qui puisse éveiller les susceptibilités du dehors ou les inquiétudes du dedans. Il n’y a pas de traité qui puisse empêcher notre pays de jouer dans le monde le rôle qui lui appartient. La France veut la paix, mais la paix avec l’honneur. Or la paix pour l’Europe et l’honneur pour la France ont pour garantie nécessaire l’équilibre européen. Si cet équilibre n’est pas assuré, la paix est instable, parce que l’honneur n’est pas satisfait. A quoi sert de le dissimuler? Ce n’est pas seulement la France que les foudroyantes victoires de l’Allemagne ont abattue, c’est l’Europe entière dont elles ont profondément ébranlé l’assiette. Nous n’irons pas jusqu’à dire que l’Europe a aujourd’hui un maître comme du temps du premier Empire. Il est certain qu’il est en Europe une nation qui pèse lourdement dans les plateaux de la balance, et un homme sans la volonté duquel rien ne se prépare ni ne se fait. C’est cet équilibre que l’Europe, une fois revenue de sa stupeur, a senti rompu, et qu’elle sait ne pouvoir rétablir qu’avec le concours de la France.

Les journaux allemands nous répètent chaque jour que l’alliance de l’Allemagne et de l’Autriche n’a d’autre objet que d’assurer la paix de l’Europe. Tant mieux; seulement il faut que cette paix, pour être honorable, soit fondée sur la balance des forces européennes. Pour dire toute notre pensée, nous ne croyons pas à la triple alliance de l’Allemagne, de l’Autriche et de l’Italie. Pourquoi celle-ci abandonnerait-elle la politique de neutralité qui lui a si bien réussi jusqu’à présent? Avec une alliance quelconque, l’Italie risque de se trouver du côté du vaincu et d’en partager la fortune. Avec la neutralité, elle est sûre de ne rien perdre, et elle a chance de gagner quelque part des dépouilles du vaincu. Nous pensons que, quelles que soient les sympathies ou les antipathies des partis qui s’y disputent le pouvoir, la France n’a pas plus à craindre des uns qu’à espérer des autres. D’ailleurs, que chercherait la politique italienne dans une alliance? On ne voit pas ce qu’elle pourrait demander à la France; quant à l’Autriche, ce n’est pas d’une alliance qu’elle pourrait obtenir ce qu’elle désire. Restent donc l’Allemagne et l’Autriche. Il est certain qu’une alliance intime, offensive aussi bien que défensive entre ces deux grandes puissances militaires, pèserait singulièrement dans la balance des forces européennes, du moment qu’elle n’aurait pour contre-poids que l’entente éventuelle et difficile des autres États. Il serait à craindre que

cette masse énorme n'écrasât toute résistance. La paix de
l'Europe serait maintenue peut-être, mais au prix de son indépendance. Ce serait la paix telle que la ferait l'Allemagne
soutenue par l'Autriche.

A voir les choses de près, le danger n'est pas aussi grand
qu'il le paraît. Si l'Allemagne et l'Autriche avaient l'unité de la
France, il n'y aurait plus en Europe que des puissances de
second ou de troisième ordre. Heureusement, il n'en est point
ainsi. L'unité de l'Allemagne est faite, mais dans une telle
mesure que ce grand corps n'obéit pas en tout et pour tout
à l'initiative du gouvernement de son empereur. M. de Bismarck le sait mieux que personne, lui l'homme des vastes projets et des grands coups de force. L'armée allemande, telle
qu'elle a été organisée, est une terrible machine de guerre
entre les mains d'un général comme M. de Moltke. Mais,
avant de la lancer de tel ou tel côté, il faut compter avec la
volonté des États allemands. Toujours prête pour une
guerre défensive, elle s'ébranlerait difficilement pour telle
ou telle guerre offensive. Jamais M. de Bismarck ne trouvera
une Allemagne comme Napoléon a trouvé une France pour
le suivre sur tous les champs de bataille, au gré de sa folle
ambition ou de son indomptable orgueil. Quant à l'Autriche,
c'est bien autre chose : son unité n'est point faite, et l'on peut
prévoir qu'elle ne se fera jamais. Ce n'est, ce ne sera qu'une
grande monarchie fédérative, très puissante pour la défense
des intérêts communs, incapable d'initiative pour des entreprises qui auraient un tout autre objet. M. de Bismarck
pourra compter sur l'Autriche pour résister à une agression
russe ou française; il la trouvera immobile et rétive, s'il
s'agit de le seconder dans quelque entreprise contre la
paix ou contre le droit de ses voisins. La Hongrie et la
Pologne ne le suivraient pas contre la France, pas plus que
la Croatie ou la Bohême contre la Russie. C'est pourquoi
nous ne croyons pas l'équilibre européen absolument rompu
par l'alliance, même intime, de l'Allemagne et de l'Autriche. Il n'en est pas moins vrai que l'équilibre européen a
reçu de la destruction de la Confédération germanique une

rude atteinte. La politique de la monarchie de Juillet, aussi patriotique que pacifique, l'avait bien compris. Si elle ne rêvait pas les bords du Rhin, elle n'eût pas laissé toucher à une organisation de l'Europe centrale qui garantissait la sécurité de la France et la paix de l'Europe. Quand il dénonçait les traités de 1815, Napoléon III ne voyait pas que cette prétendue machine de guerre, construite au congrès de Vienne, était en réalité un rempart pour la France autant que pour l'Allemagne. Quoi qu'il en soit, l'équilibre européen est le but auquel doit tendre la politique de notre pays, maintenant qu'elle peut regarder au dehors. Cela ne donne point la gloire à un peuple; mais cela lui permet de vivre avec honneur et sécurité. N'est-ce pas le meilleur moyen de relever la fortune politique de la France, sans troubler la paix de l'Europe?

Mais, nous dira-t-on, l'équilibre européen ne peut être maintenu que par des alliances. Or le temps des alliances est passé pour la France. Elle est tenue en suspicion par l'Europe monarchique, depuis qu'elle s'est donné un gouvernement républicain. Et quand même, à force de sagesse, elle parviendrait à dissiper toutes les défiances, l'instabilité des pouvoirs républicains admet-elle des alliances durables? Quant à la première objection, elle n'aurait de valeur qu'autant que notre gouvernement républicain se laisserait engager dans la politique de propagande. Il est sûr qu'alors il rencontrerait des répugnances dont triompherait difficilement même la communauté d'intérêts. Si les convenances des princes ne font plus loi dans le choix des alliances entre les peuples, on ne pourrait assurer qu'elles y sont absolument étrangères. Une propagande républicaine, favorisée ostensiblement par notre gouvernement, et qui menacerait sérieusement l'institution monarchique en Europe, pourrait provoquer la résurrection d'une véritable Sainte-Alliance. Mais l'Europe des rois et des empereurs sait bien que la République française n'a aucune envie de jouer un pareil rôle, pas plus sous M. Grévy que sous M. Mac-Mahon et sous M. Thiers. Les gouvernements peuvent donc nouer des relations et même des alliances avec le nôtre. La démocratie française aura toujours, nous en avons l'espoir, des chefs assez sages et assez bien élevés pour que les gouvernements monarchiques ou aristocratiques de l'Europe puissent traiter avec elle sur la base d'intérêts communs. Ce n'est pas la crainte de la contagion républicaine qui empêchera l'Angleterre, la Russie, même l'Italie de tendre la main à la France, si de sérieux intérêts nous rapprochent de ces grandes nations.

L'instabilité des pouvoirs, dans un gouvernement démocratique comme le nôtre, serait une objection plus forte, si les alliances de notre temps avaient le caractère des alliances du passé. Autrefois les alliances, cimentées le plus souvent par les liens du sang, étaient d'autant plus durables qu'elles étaient préparées, conclues, maintenues par des Maisons princières dans lesquelles résidait le gouvernement tout entier, particulièrement la direction des affaires extérieures. Aujourd'hui les alliances se contractent entre les peuples, par l'intermédiaire de ministres qui comptent plus avec l'opinion publique et la volonté des parlements qu'avec les convenances personnelles des princes. Rien ne ressemble moins aux anciennes alliances que les alliances nouvelles. A proprement parler, il n'y a plus d'alliance, dans le vieux sens du mot; il n'y a que des ententes qui se font et se défont selon les intérêts ou la nécessité du moment. M. de Bismarck nous l'a bien fait voir, avec ses perpétuels changements d'alliés. Ces sortes d'alliances sont toujours possibles entre les gouvernements, quelles que soient les convenances des souverains. Voilà comment l'Allemagne a fini par gagner l'Autriche à son alliance, malgré les légitimes rancunes de la cour de Vienne, et comment elle tourne le dos à la Russie, malgré la vieille amitié des deux souverains. Voilà comment la France peut trouver l'occasion de s'entendre tantôt avec l'Angleterre, tantôt avec l'Italie, tantôt avec la Russie, tantôt avec les trois puissances à la fois, si un intérêt commun et puissant commande cette coalition. Certaine politique d'action, dont nous aimons à reconnaître le patriotisme, semble croire que cette occasion s'offre en ce moment dans la question orientale, et qu'il faut la saisir par les cheveux. Elle pousse à une crise dans laquelle elle espère trouver l'entente forcée de trois grandes puissances dont l'action commune pourrait changer la face de l'Europe. M. de Bismarck le sait, et veille, on peut le croire, à ce que cette entente ne se forme pas sur la question d'Orient. Si la guerre devait sortir de la crise orientale, ce qui devient peu probable, ce ne serait point, comme on l'espère, la guerre européenne ; ce serait seulement la guerre contre la Turquie, entreprise et poursuivie de concert avec l'Angleterre, la Russie, et l'Autriche qui ne manquera pas de se faire la part du lion, grâce au concours de l'Allemagne. Ce n'est donc pas sur ce terrain dangereux que nous croyons possible l'entente entre la France, l'Angleterre et la Russie ; c'est sur le terrain de l'équilibre européen menacé par la prépondérance de l'Allemagne appuyée sur l'Autriche. Le temps n'est plus où l'on pouvait effrayer l'Angleterre et la France par l'évocation du *panslavisme*. C'est un fantôme qui pâlit maintenant devant la redoutable réalité du *pangermanisme*. L'un de ces monstres gronde à nos portes, tandis que l'autre en est encore fort loin. Lorsque Napoléon a prédit qu'avant cinquante ans l'Europe serait républicaine ou cosaque, il n'avait pas prévu qu'elle pourrait bien devenir d'abord allemande. Quelle serait sa surprise s'il venait à revivre ? Il avait voulu faire une petite Prusse, en l'écrasant, et une faible Allemagne, en la divisant, ne se doutant pas que sa politique, violente et odieuse aux peuples allemands, commençait la grandeur de la première et la force de la seconde par l'union.

Pouvons-nous en dire davantage ? Oui, nous le pouvons, parce que notre langage, dicté par le patriotisme solitaire d'un simple citoyen, ne peut engager ni compromettre aucun pouvoir public. Cet équilibre européen, sans lequel nulle puissance, sauf la puissance dominatrice, ne peut conserver son indépendance et son honneur, n'est possible, dans l'état actuel de l'Europe, que par une paix armée. C'est dire qu'il coûte fort cher aux peuples de l'Europe, et pèse d'une façon désastreuse sur leurs finances, sur leur industrie, sur leur agriculture, sur leur commerce, sur tous les grands facteurs

de la prospérité publique. Aussi n'est-il pas étonnant que,
si les diplomates et les politiques en prennent assez volontiers leur parti, les économistes et les philanthropes songent
sérieusement à un désarmement universel. Ce n'est pas seulement le rêve d'un publiciste [1] qui ne craint ni l'utopie ni le
paradoxe, et qui devance souvent l'opinion publique : c'est
un besoin profond des peuples qui tôt ou tard se manifestera
par une clameur irrésistible. Assurément, si ce désarmement
était possible aujourd'hui, il changerait la face de l'Europe.
Par la confiance qu'il inspirerait, par l'allégement des charges
dont la paix armée accable nos sociétés, toutes les branches
de l'activité nationale entreraient dans une ère de prospérité
inconnue à l'Europe. La paix, la véritable paix, produirait
alors tous ses fruits. Tous les peuples souffrent plus ou
moins de cet état de choses. Mais il se trouve que c'est
l'Allemagne victorieuse qui en souffre le plus. Beaucoup
moins riche que la France, elle possède l'organisation militaire la plus forte de l'Europe, et aussi la plus ruineuse pour
l'état de ses finances, bien que son budget militaire ne soit
pas le plus considérable de tous. Chaque jour, son gouvernement s'applique à rendre cette puissante machine plus
redoutable, soit pour assurer ses conquêtes, soit pour en
faire des nouvelles, le cas échéant. Il n'est donc pas impossible que le désarmement général devienne un jour une
réalité, parce qu'il serait devenu une nécessité, surtout
pour le peuple qui en aurait le plus besoin. Il n'est pas
douteux que cette question ne s'impose un jour à la politique de toutes les grandes puissances. L'Europe, à l'ins-
tigation de l'Allemagne, pourrait donc ouvrir un grand congrès de la paix. La France y viendrait la première. Seulement, pour son honneur, elle ne pourrait y entrer sans
poser à l'aréopage européen une grande et douloureuse
question. Peut-elle accepter définitivement sa déchéance,
quand cette déchéance est contraire au droit des peuples?
Peut-elle se résigner à l'arrêt irrévocable de la force? Voilà

---

1. M. de Girardin, dans *la France.*

une question sur laquelle l'Europe aurait à se prononcer avant d'entamer cette grande affaire du désarmement. Quand la diplomatie italienne a posé la question de la Vénétie dans les conseils de l'Europe, déclarant que cette paix de l'Europe, au nom de laquelle l'Autriche voulait l'écarter, ne serait toujours qu'une fausse paix, tant que le cri des frères italiens ne serait pas entendu, l'Italie nouvelle, qui avait été tantôt française, tantôt allemande, n'avait conquis que d'hier son indépendance, avec le concours de la France, et n'avait jamais possédé la Vénétie. L'Alsace et la Lorraine étaient depuis deux siècles des provinces françaises, les plus françaises par le cœur, sinon par la langue. L'Europe aura-t-elle lieu de s'étonner que la France pacifique, et prête à désarmer pour se livrer aux arts de la paix, demande que la volonté du peuple annexé soit consultée?

Qu'on nous permette de finir en rappelant un souvenir personnel. Quand l'Assemblée nationale dut voter le cruel traité que Thiers lui tendit les larmes aux yeux, un député républicain vint dire à la tribune pourquoi le parti, dont il fut l'organe en cette occasion, ne pouvait s'associer au vote du Parlement sans protester en faveur du droit des populations conquises. La France n'a point oublié que l'Assemblée tout entière applaudit à cette protestation. Lorsque l'Empire, donnant dans le piège de la candidature Hohenzollern, entraîna la France aveugle et passive dans cette guerre, l'Allemagne était dans son droit de légitime défense après le retrait de cette candidature, et elle put croire la France complice des ambitions de son empereur. L'Allemagne se trompait sur les vrais sentiments du peuple français, qui n'en était plus depuis longtemps à rêver les bo rd du Rhin. Mais enfin, dans une guerre qu'elle n'avait pas commencée, la victoire lui donnait le droit sur nos milliards et sur nos provinces. Seulement, les temps barbares semblaient finis, où le vainqueur dispose des populations comme des troupeaux qui sont le butin de la victoire; et, dans une époque où les peuples sont enfin comptés pour quelque chose, il s'était formé, on le crut du moins, un droit

des gens nouveau, où il était entendu que le consentement
des peuples est nécessaire pour ratifier toute cession forcée
ou volontaire de territoire. Napoléon lui-même avait res-
pecté ce droit, quand l'Italie lui céda, en échange de son
intervention, deux provinces qui avaient été françaises. On
dira qu'en pareil cas ce consentement ne manque jamais, et
que le vote des populations n'est qu'une pure formalité.
C'était déjà beaucoup que de respecter un principe. La
France n'en demandera pas davantage au congrès, et, quelle
que puisse être la pression de l'administration allemande,
elle s'en fiera au cœur de ses chères provinces, acceptant
le résultat du vote, quel qu'il soit.

La France veut la paix. Elle réprouverait énergiquement
toute politique qui aurait la moindre apparence belliqueuse.
Elle tient encore bien plus à la république pacifique qu'à la
république libérale ou conservatrice. L'Allemagne le sait bien,
et n'a nul besoin, pour être rassurée, des déclarations de nos
ministres et de nos ambassadeurs. Elle trouve, ainsi que l'Europe, la meilleure garantie de la paix dans le sentiment profond de notre pays. Cela ne veut point dire que la France
ne pense plus à ses provinces perdues. Elle a senti, en versant
ses milliards, qu'elle expiait justement les fautes de son césar
tant acclamé. Car en ce temps où l'opinion se fait jour, même
sous les gouvernements despotiques, les peuples sont res-
ponsables des erreurs ou des folies de leurs gouvernements.
Mais la France, qui ne songeait qu'à venger une injure
imaginaire sur la parole de son gouvernement, a conscience
de n'avoir point mérité qu'on lui prît ses provinces, et elle
conserve le ferme espoir que la justice de l'Europe lui permettra de les reconquérir par la volonté des populations,
le jour où il s'agira, par le désarmement universel, de fermer le temple de Janus, et d'ouvrir l'ère définitive de la fra-
ternité des peuples et de l'amitié des gouvernements. Dans
cet entretien peu authentique que nous avons rappelé,
M. de Bismarck n'a-t-il pas laissé entendre que la blessure
de la France pourrait être cicatrisée? Nous sommes heureux
de ces paroles, s'il a voulu parler de nos provinces, et non

des compensations qui ne pourraient être obtenues qu'au mépris du droit des gens. S'il y avait encore des guerres d'ambition et de conquête, la France ne s'engagerait pas, ne voulant partager les dépouilles d'aucun peuple, si grand ou si petit qu'il soit. Quoi que fasse l'Allemagne ou l'Europe pour la tenter ou la consoler, on n'arrachera point de son cœur le souvenir de ses provinces; on ne l'empêchera point de prêter l'oreille aux voix qui demandent la délivrance. Mais le jour où ces provinces rentreront dans le sein de la patrie, la France acceptera franchement la main que lui tendra l'Allemagne. Et si elle ne la serre pas bien fort, c'est que la défaite a sa dignité, comme la victoire a son orgueil.

Voilà la *justice immanente* que le temps ne peut prescrire. Voilà la *réparation* que la France n'attend que de la paix. Interprétée de cette façon, la fanfare belliqueuse de Cherbourg n'est plus qu'un hymne à la paix que l'Europe et la France pourront chanter un jour. Nous ne goûtons point la solution de M. de Girardin, qui demande la neutralisation de l'Alsace-Lorraine, parce que nous ne pouvons nous faire à l'idée que les enfants de la famille française pourraient devenir étrangers les uns aux autres. Cela peut se voir chez des colons qui se séparent de la mère-patrie, et vont au loin par delà les mers se créer une vie et une patrie nouvelles. Cela n'est pas possible, quand le peuple auquel on impose la neutralité reste aux portes de la patrie. Comment cet État pourrait-il rester neutre entre une France qui lui tendrait les bras et une Allemagne qui lui montrerait les dents ? Faut-il ajouter qu'en se prêtant à une pareille séparation la France signerait sa déchéance ? Elle a encore plus perdu de son prestige que de sa puissance, en perdant ses deux fortes et riches provinces. L'atteinte portée à l'intégrité de son territoire ne peut être réparée que par la rentrée dans son sein de ses enfants restés Français. Mais ceci regarde la France et non l'Europe. Si l'Europe veut, de concert avec l'Allemagne, que ce soit l'Alsace-Lorraine qui fasse son choix librement, la France acceptera le vote de ses anciennes provinces. Leur volonté sera respectée, soit que l'Allemagne ait fini par les gagner à sa cause, soit qu'une séparation dont nul ne peut fixer le terme leur ait laissé le goût de cette autonomie qui trouve, à ce qu'on dit, des partisans. La grande patrie ne pourrait répondre à cette défaillance de leur patriotisme que par un douloureux regret. Mais la France n'a pas cette crainte, nobles frères d'Alsace et de Lorraine. Elle sent trop battre votre cœur pour douter de vous.

Nous le savons, une telle solution n'est en ce moment qu'un rêve de philosophe. L'Allemagne ne fera qu'en rire, l'Europe ne fera qu'en sourire, tant qu'elles pourront porter le fardeau des charges qui pèseront de plus en plus sur leurs peuples. Si, comme l'affirme M. de Moltke, l'Allemagne doit rester armée en guerre pendant un demi-siècle pour consolider son œuvre de 1870, la perspective n'est pas riante pour elle, ni pour l'Europe, condamnée à faire de même pour maintenir l'équilibre européen, sans lequel la paix n'est qu'une illusion. La France est, avec l'Angleterre, la puissance qui peut attendre le plus longtemps le désarmement, sans plier sous le faix. Nous avons confiance que l'Europe n'attendra point cinquante années pour régler l'état de paix qui permettra cette grande et salutaire mesure. Nous avons tout espoir que cette demande sera accueillie dans ses conseils comme mérite de l'être une requête fondée sur le droit imprescriptible des populations dont la force a disposé. Qui donc, dans ces conseils, serait du côté du vainqueur, si tant est que le vainqueur lui-même s'obstine à garder une conquête qui le ruine? Est-ce l'Angleterre qui nous donne la main en ce moment? Est-ce la Russie qui nous la tend? Serait-ce l'Italie, dont la France a soutenu les revendications sur le champ de bataille, comme dans les conseils de l'Europe? Sera-ce même l'Autriche, où la cause des nationalités a de nombreux et puissants amis? Non, nous ne pouvons croire que l'Europe hésite devant le droit des populations et devant la misère des peuples.

ÉTIENNE VACHEROT,
de l'Institut.

Coulommiers. — Typographie PAUL BRODARD.

www.ingramcontent.com/pod-product-compliance
Lightning Source LLC
Chambersburg PA
CBHW061259050726
47594CB00004B/1542